KB200568

교회
하브루타

교회 하브루타

지은이 | 하브루타선교회 전성수•이익열
초판 발행 | 2016. 6. 20
8쇄 발행| 2021. 1. 21
등록번호 | 제1988-000080호
등록된 곳 | 서울특별시 용산구 서빙고로65길 38
발행처 | 사단법인 두란노서원
영업부 | 2078-3352 FAX | 080-749-3705
출판부 | 2078-3331

책값은 뒤표지에 있습니다.
ISBN 978-89-531-2580-3 03230

독자의 의견을 기다립니다.
tpress@duranno.com www.duranno.com

두란노서원은 바울 사도가 3차 전도여행 때 에베소에서 성령 받은 제자들을 따로 세워 하나님의 말씀으로 양육하던 장소입니다. 사도행전 19장 8~20절의 정신에 따라 첫째 목회자를 돕는 사역과 평신도를 훈련시키는 사역, 둘째 세계선교(TIM)와 문서선교(단행본·잡지) 사역, 셋째 예수문화 및 경배와 찬양 사역, 그리고 가정·상담 사역 등을 감당하고 있습니다. 1980년 12월 22일에 창립된 두란노서원은 주님 오실 때까지 이 사역들을 계속할 것입니다.

말씀으로
토론하라

교회
하브루타

하브루타선교회
전성수 · 이익열 지음

두란노

contents

{ 프롤로그 }

3400년 동안 신앙을 전수해 온 유대인에게 배우는 비밀

유대인은 어떻게 신앙을 전수해 왔는가?

모세가 하나님으로부터 말씀을 받은 지 3400년가량이 지났다. 유대인은 이방 전도를 하지 않는다. 유대인들은 오직 자기 민족에게만 신앙을 전수한다. 그럼에도 유대인들은 그들의 신앙을 계속 유지해 오고 있다. 더구나 3400년의 이스라엘 역사에서 나라다운 나라를 가진 것은 불과 500여 년밖에 되지 않는다. 사울에서 시작된 왕국의 역사가 450년쯤 되고, 주전 586년에 남유다가 망했다가 1948년에야 이스라엘 국가가 세워졌으니 말이다. 나머지 2900여 년은 식민지 상태였거나 나라 없이 떠도는 처지였다.

주후 70년에 예루살렘 성전이 파괴된 후로 그들은 세계 각지에 흩어져 살아야 했다. 떠돌아다니는 중에도 그들은 끊임없이 박해와 핍박의 시련을 겪었다. 그런데도 유대인들이 그들의 정체성을 지키고 신앙을 전수할 수 있었다니, 그 저력이 놀랍기만 하다. 더구나 그들은 현재 세계 곳곳에서 영향력이 지대한 큰손이거나 석학이거나 인재로서 활동한다.

과연 그들의 저력은 무엇인가?

나는 그들의 저력이 하나님 말씀을 지키고 행한 데 있다고 본다. 특히 그들의 문화 깊숙이에 자리 잡고 있는 하브루타가 큰 역할을 담당했다고 본다.

하브루타는 '짝을 지어 질문하고 대화, 토론, 논쟁하는 것'을 말한다. 원래 하브루타는 유대인 전통 교육기관인 예시바에서 둘씩 짝지어 성경이나 탈무드를 놓고 치열하게 토론하고 논쟁하는 것을 말한다. 하지만 넓게 보면 유대인 문화는 그 전반에 하브루타가 깊이 내재되어 있다.

유대인들은 태교를 태담으로 한다. 태담은 태아와 산모가 이야기를 나누는 것을 말한다. 하브루타는 여기서부터 시작된다. 아이가 세상에 나오면 베드타임 스토리, 즉 베갯머리 교육을 한다. 이것 역시 하브루타다. 무엇보다 매주 안식일 식탁을 갖고 3-6시간 동안 가족 간에 대화하고 토론하는 것도 하브루타이다. 그들은 안식일 식탁이 아니더라도 가정, 학교, 직장, 심지어 군대에서도 치열하게 대화하고 토론하고 논쟁한다. 하브루타가 유대인의 또 다른 정체성이 된 것이다.

가족끼리 대화를 하기 때문에 유대인 가정은 행복하다. 더불어 부모와 자녀 사이에 성경을 가지고 끊임없이 하브루타를 하다 보니 신앙이 자연스럽게 전수된다.

그럼 하브루타가 왜 유대인 문화가 되었는가? 그것은 유대인들이 하나님 말씀을 받들어 그대로 실천해 왔기 때문이다. 유대인들은 모세오경 중에서 가장 중요한 실천 말씀을 신명기 6장 4-9절로 삼았다. 하나님을 사랑하라는 명령의 가장 구체적인 형태를 자녀에게 하나님 말씀을 가르치는 것이라고 생각하고 실천해 왔다. '네 자녀를 부지런히 가르치며'가 유대인의 행동 강령이 되었고, 그 방법이 강론, 즉 'talk about' 하는 것이었다. 자녀에게 성경을 가르치는 구체적 방법이 설교가 아니라 하나님 말씀으로 이야기를 나누고 대화를 하는 형태인 것이다. 그래서 3400년 동안 자녀에게 성경 이야기로 대화를 하고 토론하는 문화가 형성되었고, 성인들도 예시바에서 둘씩 짝지어 토라와 탈무드를 가지고 치열하게 토론하고 논쟁하는 문화가 만들어졌다.

끊임없는 '듣고 잊어버리고'로 젖먹이 신앙 양산

설교가 예배의 중심이 되면서 한국교회에서 '듣고 잊어버리고'

가 끊임없이 반복되고 있다. 이것은 수십 년 교회를 다녀도 성경을 제대로 이해하고 실천하는 크리스천을 만들지 못하는 병폐가 되었다. 즉 성화하고 성숙한 크리스천으로 양육하지 못하고 젖먹이 신앙에 머물도록 만든 것이다.

선포 형태의 설교는 반드시 있어야 한다. 하지만 이것으로 끝나는 것이 문제다. 성경은 분명하게 '장성한 분량까지 자라라'고 명령하고 있고, '너는 내 앞에 완전하라'고 말씀하고 있다. 따라서 설교를 내 것으로 만들어 장성한 분량까지 자라는 시스템이 필요하다.

한국교회에 없는 것이 바로 말씀을 내 것으로 만드는, 마음판에 새기는 내면화 과정이다. 지상 명령으로 말하면 '가르치기'는 하는데, '지키게' 하는 데까지 나아가지 못하는 것이다. 자기 내면화가 되어야 실천과 행함이 가능하다. 자기 내면화는 교회에서든 가정에서든 소수의 그룹이 말씀을 가지고 치열하게 생각하고 질문하고 토론하고 대화할 때 가능하다.

QT도 엄밀하게 말하면 자기 하브루타일 때만 의미가 있다. QT는 스스로 질문을 던지고, 스스로 답변을 찾아가는 과정이다. 그래서 자기 하브루타인 것이다. 하지만 QT가 위험한 것은 혼자하기 때문에 오류에 빠지기 쉽고, 오류에 빠졌을 때 교정해 줄 수 있는 사람이 없다는 것이다. 하브루타는 QT의 오류를 보완하는 대안이다.

예수님은 '주여 주여 하는 자마다 천국에 가는 것이 아니라 하나님 뜻대로 행한 자만이 천국에 들어갈 수 있다'고 말씀하셨다. 최고의 계명이 하나님을 사랑하고 이웃을 사랑하는 것이라 말한 율법교사에게 '이를 행하라 그러면 살리라'고 말씀하셨다. '내 어머니와 내 동생들은 곧 하나님 말씀을 듣고 행하는 사람들'이라고도 하셨다. 이렇듯 예수님은 말씀의 행함을 강조하셨다.

무엇을 가장 먼저 행해야 할 것인가? 기독교 복음의 핵심은 인간은 죄인이고, 죄 문제를 스스로 해결할 수 없으며, 그래서 예수님이 십자가 지심과 피흘림을 통해 '죄 사함을 받는 회개'의 길을 열어 주신 데 있다. 그래서 우리의 신앙생활이란, 성경 말씀 한 구절 한 구절을 보며 나의 죄를 찾아내어 회개하고 죄 사함의 은혜를 구하고, 하나님의 뜻을 분별해 그것을 따라 삶으로써 열매를 맺는 것이다. 하브루타는 한마디로 '하나님의 뜻을 분별해 내는 과정'이고 '말씀을 실천해 내는 방법을 찾는 과정'이다. 즉 말씀을 지켜 행하게 하는 방법이다.

행복, 성공, 신앙 전수를 하브루타 하나로!

크리스천에게 가장 큰 소망 세 가지는 가정의 행복, 자녀의 성공, 신앙 전수일 것이다. 유대인들은 이것을 모두 해냈고, 그 핵심에 하브루타가 있다. 행복의 시작과 끝은 가정이다. 아무리 밖에서 성공해도 가정이 불행하면 결국 불행한 것이다. 하브루타는 뇌를 격동시켜 성공을 가져오고, 애착과 대화를 통해 가족의 행복을 보장하며, 말씀으로 살아 내게 함으로써 신앙을 전수시킨다. 하브루타 하나로 크리스천이 소망하는 세 가지를 모두 잡을 수 있는 것이다.

하브루타는 부모와 자녀 간에 안정된 애착을 형성시키는 최고의 방법이다. 애착 형성에서 대화만 한 방법이 없기 때문이다. 어렸을 때 형성된 애착 관계는 모든 문제를 부모와 의논하게 만들고, 자녀의 마음에 스트레스와 분노가 쌓이지 않게 한다.

유대인들은 매일 밥상머리 대화를 나눈다. 또 매주 안식일에 만찬을 열어 3-6시간 동안 대화를 나눈다. 유대인들에게 가장 행복한 순간이 언제냐고 물으면, 대부분이 안식일 만찬에서 허심탄회하게 나누는 대화의 시간을 꼽는다.

성경은 하나님의 말씀이기에 막강한 힘을 갖는다. 그래서 그 말씀의 힘으로, 그리고 토론과 논쟁을 통해 길러진 고등 사고력으로 유대인은 오늘날 모든 분야에서 월등한 자리를 차지하고 있다. 하브루타는 부모가 자녀와 말씀을 가지고 대화하고 논쟁하고 토론하는 과정에서 부모와 자녀의 신앙을 자라게 만든다. 신앙의 전수가 저절로 이뤄지는 것이다.

하브루타가 이 땅에 소개된 지 4년 정도 흘렀다. 그 세월 동안 자발적으로 하브루타교육협회와 학회가 결성되고 한국교원연수원에 원격연수 과정도 생기고, 지금은 학교 교사들이 가장 많이 듣는 연수가 되었다. 하브루타 학술대회도 열리고, 하브루타 교육사 자격증 과정을 통해 수많은 사람들이 배출되고, 각 학교와 가정 등에서 하브루타가 실천되고 있다. 그런데 하나님의 방법임에도 불구하고 정작 교회는 조용한 편이다.

인간적인 방법으로는 결코 교회를 살릴 수 없다. 그동안 교회교육을 살리기 위해 수많은 인간적인 방법이 동원되었다. 놀이를 도입하고, 게임을 집어넣고, 상품을 퍼 주고, 잘 먹이고, 드럼 중심의 빠른 찬양이 불리고…. 하지만 교회교육이 살아나기는커녕 오히려 죽어 가고 있다. 이 모든 것이 인간적인 방법이었기 때문이다. 하나님의 일은 하나님 방법으로만 성취될 수 있다.

자발적으로 하브루타선교회가 만들어지고, 하브루타를 접한 몇몇 교회나 목회자를 중심으로 아주 다양한 형태로 교회에 하브루타를 접목하고자 하는 시도가 늘고 있다. 공저자인 이익열 목사님은 교회 전반을 하브루타로 재구조화한 경우에 해당한다. 이외에도 예배 시간을 목회자의 일방적인 설교로 채우는 대신 성도들끼리 짝을 지어 질문하고 대화하고 토론하게 하거나 오후예배 때 성도들끼리 질문하고 토론하는 교회도 있다. 교회교육에서 하브루타를 접목하는 교회는 아주 많이 늘었다. 토요일에 가족들이 모여 교회에서 하브루타를 하거나 학생들을 따로 모아 하브루타를 실천하는 교회도 많이 생겼다.

나는 이 책의 part 1을 맡아 하브루타가 왜 하나님의 방법인지, 성장이 없는 교회에 왜 하브루타가 대안인지, 하브루타를 어떻게 적용할 수 있는지를 실었다. 이어 part 2는 이익열 목사님이 담임하고 있는 누림교회에서 하브루타를 예배와 교회학교에 어떻게 접목했으며, 어떠한 변화를 일으켰는지를 자세한 사례를 들어 집필했다. 하브루타에 관한 궁금증을 담은 Q&A는 같이 집필했다.

쉐마를 통해 하브루타의 길을 열어 주신 현용수 박사님과 어려운 가운데 하브루타선교회를 맡아 준 이익열 목사님, 행정적 업무에 너무나 고생이 많으신 심평섭 총무님, 매주 정기 하브루타 모임을 묵묵히 인도해 주시는 정남헌 목사님, 교회교육에서 치열하게 하브루타를 실천해온 이창민, 김시형, 이일도 전도사님, 하나님의 마음을 가지고 광주에서 열심히 뛰어 주시는 민형덕 회장님, 끊임없이 후원해 주고 지원해 주시는 김미자 원장님을 비롯한 여러 후원자님들, 각 지역에서 묵묵히 하브루타를 실천하고 보급하시는 각 지부장님들께 이 자리를 빌려 진심으로 감사드린다. 무엇보다도 미술 교육이 전공인 저를 불러 신학을 하게 하시고, 자녀교육과 교회 교육에 대한 소명을 주시고, 하브루타를 알게 하신 하나님께 이 모든 영광을 돌린다.

하나님의 방법인 하브루타가 한국교회를 살리는 방안이 되기를 간절하게 기도한다. 그 실천은 '나부터, 지금부터, 할 수 있는 것부터'이다.

나부터 말씀을 지키고 행하는 은혜를 구하며
전성수

PART 1

한국교회를 살리는 길, 하나님의 방법 하브루타

01

듣고 바로 잊어버리는 한국교회

‘듣고 외우고 시험 보고 잊어버리고’의 학교 교육

우리나라 학교 교육을 생각해 보자. 학생들은 선생님의 강의, 학원 강사의 강의, EBS 강사의 강의, 대학 교수의 강의 등 20년 가까이 ‘듣는’ 교육을 받는다. 듣고 나서는 시험을 위해 외운다. 중간고사, 기말고사, 수능 등을 보고 나면 그동안 공부한 내용들이 하얗게 지워진다. 이 과정이 끊임없이 반복되는 것이 학교 교육이다.

우리는 태교, 즉 태어나기 전부터 교육을 받는다. 그리고 태어나자마자 요람 옆에 커다랗게 코팅된 종이를 보며 가위 ‘가’, 나비 ‘나’, ‘A’에 apple, ‘B’에 baby 등을 배운다. 그런 다음 유치원부터 고등학교를 거쳐 대학까지 20여 년을 공부한다. 그러는 동안 끊임없이 듣고 외우고 시험 보고 잊어버리기를 반복한다.

그런데 왜 공부하는가? 결국 잊어버릴 거라면 왜 그렇게 기를 쓰고 공부하는가? 교육이 바뀌어야 한다고 목소리를 높이지만 학교의 현실은 점점 악화되고 있다. 우리는 학교에서 배운 것들을 얼마나 기억할까? 대부분의 성인들은 초등학교 5학년 수학 문제도 풀기 쉽지 않다.

다음 문제를 한 번 풀어 보자.

1. 한반도의 넓이는?
2. 한국의 광역시 이상의 시도 개수는?
3. 태극기에서 곤의 선 개수는?
4. 소설《죄와 벌》의 주인공 이름은?
5. 원주율 π=3.14 다음의 숫자는?
6. 5천 원 지폐에 그려진 인물은?
7. 원소기호 3번은?
8. 고려시대 두 번째 왕은?

위의 문제 중에서 몇 문제나 맞혔는가? 각자 채점을 해보자.

정답은 다음과 같다.

1. 약 22만 km^2

2. 17개

3. 6개

4. 라스콜리니코프

5. 1

6. 이이(이율곡)

7. 리튬

8. 혜종

아마도 위의 문제 중에서 5개 이상도 맞히기 어려울 것이다. 학교에서 이런 지식들을 열심히 외웠는데도 왜 기억나지 않는 것일까? 그럼에도 왜 지금도 여전히 아이들은 같은 방식으로 학교에서 수업을 들으며 배우고 있는가?

스마트폰과 인터넷이 일반화되고부터 외우는 교육은 더 이상 의미가 없어졌다. 언제든지 무엇이든지 검색만 하면 바로 답을 알려주기 때문에 외울 필요가 없는 것이다.

TV 퀴즈 프로그램에서 좋은 성적을 내려면 두 가지가 필요하다. 하나는 많은 지식을 외우고 있어야 한다. 많이 외울수록 우승할 가능성이 높다. 두 번째는 순발력이다. 부저를 빨리 누르고 외운 것을 빨리 떠올릴 수 있어야 하는 것이다.

수능은 다른가? 대학입시 제도가 자주 바뀐다지만 역시 많이 암기해야 좋은 점수를 받을 수 있다. 그리고 제한된 시간에 많은 문제를 풀어야 한다. 결국 수능 역시 암기력과 순발력을 요구하는 것이다. 앨빈 토플러의 다음과 같은 말은 우리의 교육 현실이 얼마나 한심한지를 꼬집고 있다.

"한국 학생들은 10년이면 없어질 지식과 직업을 위해 하루에 15시간 이상 낭비하고 있다."

최근 인공지능 알파고와 이세돌 9단의 대결로 전 세계가 충격에 빠졌다. 바둑은 수천 년 동안 수많은 대국을 했음에도 불구하고 단 한 번도 똑같은 기보가 나오지 않았을 정도로 경우의 수가 많은 것이 특징이다. 그래서 바둑은 가장 높은 고등 사고력이 요구된다. 그런데 알파고가 수많은 변수를 계산해서 이세돌 9단을 이겨 버렸다. 이 대결은 컴퓨터와 인간의 대결이었다는 점, 그런데 그 결과가 인간의 패배였다는 점에서 세계는 다가올 미래 사회를 고민하기 시작했다.

알파고는 1,202대 슈퍼컴퓨터들의 네트워크로 이뤄져 있다. 한 대의 슈퍼컴퓨터도 대단한데, 무려 1,202대가 연결되어 수많은 변수를 생각하고, 판세를 읽어서 바둑을 둔 것이다.

알파고의 가장 큰 능력은 많은 정보를 빠르게 처리하는 것이다. 컴퓨터가 가장 잘하는 것이 암기력과 순발력이다. 인터넷은 수많은 정보들을 저장하고 있다가 사람이 검색하면 필요한 정보를 끄집어내 알려 준다. 이것은 암기력에 해당한다고 볼 수 있다. 그리고 어떤 정보도 아주 신속하게 찾아낸다. 순발력이 대단한 것이다.

그렇다면 컴퓨터의 이 같은 능력은 인간의 고등 능력에 해당하는가, 하등 능력에 해당하는가? 하등 능력이다. 컴퓨터는 창의적으로 생각하지 않는다. 독창성도 없고 감성도 없다. 다시 말해 감성과 독창성, 창의성과 같은 인간의 고등 능력이 컴퓨터에는 결여되어 있는 것이다.

지금까지 우리 교육이 초점을 둔 것은 인간의 고등 능력이 아니라 하등 능력이었다. 암기력, 수리력, 순발력에 초점을 둔 교육을 했다. 그런데 이 같은 하등 능력은 컴퓨터로 충분히 대체할 수 있게 되었다. 그렇다면 이제 초점을 두고 교육할 것은 가치관, 지혜, 창의성 같은 고등 능력이다.

교사 한 사람이 여러 사람에게 강의 형태로 가르치는 것은 일제 식민지와 한국전쟁을 거치면서 폐허가 된 한국 사회의 특수성에서 기인했다. 실제로 이 같은 교육은 한국의 초고속 경제 성장을 이끄는 견인차가 되었다. 하지만 21세기에 들어서면서부터 한국의 경제 성장은 급속도로 떨어지고 있다. 왜 그런가?

여러 가지 이유가 있겠지만 그중 가장 큰 이유가 교육에 있다. 우리나라는 지하자원이 풍부한 것도 아니고, 국토가 넓은 것도 아니고, 오로지 인력밖에는 자원이 없는 나라다. 5천만 명 모두가 교육에 올인하고 있을 만큼 교육열도 높다. 그런데 21세기 들어 시대는 급변하고 있는데 교육은 제자리걸음이다. 21세기 학생들을 20세기 교사들이 19세기 교실에서 가르치고 있는 것이다.

인간과 동물이 크게 다른 두 가지가 있다. 첫째는 언어를 사용할 수 있다는 것이고, 둘째는 생각할 수 있다는 것이다. 돌고래들이 주고받는 것은 언어가 아니라 신호다. 동물들은 사고해서 행동하는 것이 아니라 본능에 따라 행동한다.

교육의 목적은 '인간을 인간답게 하는 것'이다. 인간을 인간답게 만드는 교육이란 바로 언어와 사고를 길러 주는 교육을 의미한다. 이 두 가지를 기를 수 있는 것이 바로 하브루타다. 하브루타는 말을 통해서 생각하게 하는 교육 방법이기 때문이다.

생각하게 하려면 들어야 하는가, 말해야 하는가? 남의 말을 들을 때 어떤가? 듣고 있을 때는 멍하니 있거나 딴생각을 하거나 졸 수 있다. 하지만 내가 말할 때는 생각하지 않고 말할 수 없다. 사고력을 기르려면 듣기보다 말을 해야 한다. 말하기의 가장 좋은 예는 질문과 토론이다. 질문하고 토론하는 교육으로 패러다임이 바뀌어야 하는 것이다.

'듣고 잊어버리고'를 무한 반복하는 한국교회

나는 우리나라의 학교 교육을 '듣고 외우고 시험 보고 잊어버리고'로 진단한다. 그런데 한국교회는 이보다 훨씬 심각하다. 한국교회는 이중에서 '외우고 시험 보고'가 빠진다. 그러니까 '듣고 잊어버리고'만 남는다.

한국교회의 문제는 예배 때마다 설교를 들어도 곧바로 잊어버리는 데 있다. 20년, 30년 교회를 다니고, 또 성경을 여러 번 읽어도 머릿속에 남아 있는 것이 거의 없다. 아는 것이 없으니 신앙의 성숙도 기대하기 어렵다.

지난 주일에 들은 예배 설교 제목과 본문이 무엇인가? 아마도 대부분 기억하지 못할 것이다. 듣기는 하나 바로 잊어버리기 때문이다.

한국교회 목회자들은 설교 시간에 주로 '대지 설교'를 한다. '대지 설교'란 성경 본문에서 큰 뜻인 대지를 뽑아서 설교하는 것을 말한다. 주로 세 가지 대지를 뽑기 때문에 이를 삼대지 설교라고 한다. 그래서 첫째, 둘째, 셋째가 설교 시간에 항상 등장한다.

주로 대지 설교는 앞에 서론이 있고 첫째를 등장시켜 그에 대해 설명하고, 둘째, 셋째를 거쳐 결론을 내린다. 설교 시간은 주로 30분으로, 서론이 5분 정도, 첫째, 둘째, 셋째가 각각 6-7분 정도, 그리고 결론 5분 정도로 시간을 배분한다. 하지만 첫째, 둘째, 셋째로 아무리 강조해도 성도들의 머릿속엔 남아 있는 것이 거의 없다.

왜 그런가? 들을 때는 생각하지 않아도 되기 때문이다. 학습 효율성 피라미드에서 보여 주듯이, 들은 것은 하루가 지나면 머릿속에 5퍼센트밖에 남지 않고, 읽은 것은 10퍼센트만 남는다.

다음 몇 가지 ○ X 문제를 풀어 보자.

1. 에스더와 모르드개는 삼촌과 조카 사이이다. (○ X)
2. 아브람은 가족 친척을 데리고 떠나라는 명령을 듣고 갈대아 우르를 떠난다. (○ X)
3. 아브라함의 자녀 수는 2명이다. (○ X)
4. 반석과 모래 위에 지은 집의 차이는 말씀을 듣고 믿는 자와 믿지 않는 자다. (○ X)
5. 개역한글판, 개역개정판 성경에서는 '설교'라는 단어가 한 번도 나오지 않는다. (○ X)

위 문제는 우리에게 너무 익숙한 성경 내용이다. 한 문제씩 검토해 보자. 1번 문제인 '에스더와 모르드개는 삼촌과 조카 사이이다'라는 질문에 거의 대부분이 ○라고 생각한다. 그러나 에스더 2장 7절을 읽어 보자. "그의 삼촌의 딸 하닷사 곧 에스더는"이라고 소개한다. 모르드개 삼촌의 딸이라는 것이다. 그렇다면 둘 사이는 삼촌과 조카 사이가 아니라 사촌지간이다. 오빠인 모르드개가 사촌동생인 에스더를 양육한 것이다.

2번 문제인 '아브람은 가족, 친척을 데리고 떠나라는 명령을 듣고 갈대아 우르를 떠난다'도 대개 ○라고 생각한다. 하지만 창세기 11장 31절을 읽어 보자.

"데라가 그 아들 아브람과 하란의 아들인 그의 손자 롯과 그의 며느리 아브람의 아내 사래를 데리고 갈대아인의 우르를 떠나 가나안 땅으로 가고자 하더니 하란에 이르러 거기 거류하였으며."

갈대아 우르에서 가족을 데리고 떠난 사람은 아브람이 아니라 그의 아버지 데라다. 데라와 그 가족이 갈대아 우르를 떠나서 하란에 거류하고 있었다. 따라서 아브람이 "너는 너의 고향과 친척과 아버지의 집을 떠나 내가 네게 보여 줄 땅으로 가라"(창 12:1)고 명령을 받은 곳은 갈대아 우르가 아니라 하란이다.

여기서 우리는 중요한 몇 가지를 생각할 수 있다. 데라는 믿음의 조상이 될 뻔한 기회를 놓쳤다는 사실이다. 데라는 가족을 데리고 갈대아 우르를 떠나 가나안으로 가고자 했다. 하나님은 아브람에게는 가나안이라는 명칭도 주시지 않았지만, 데라에게는 가나안이란 지명까지 구체적으로 제시하셨다.

지금으로부터 4000여 년 전에 가족과 친척을 데리고 고향을 떠나서 직선거리 800여 킬로미터 떨어진 이국땅으로 가는 일은 결코 쉽지 않았다. 그런데 데라는 고향인 갈대아 우르를 떠나 가나안을 향해 나아갔다. 갈대아 우르에서 하란까지는 우리나라로 치면 부산에서 백두산까지의 거리와 비슷하다. 이들은 그 먼 거리를 걸어서 하란에 도착했다. 그러나 데라는 거기서 멈춰 버린다. 하나님의 명령을 끝까지 수행하지 않은 것이다.

그런 데라에 대해 성경은 "데라는 나이가 이백오 세가 되어 하란에서 죽었더라"(창 11:32)고 그의 마지막을 기록하고 있다. 하나님은 이제 데라 대신 아브라함을 선택하신다.

하나님은 우리 모두에게 뜻을 가지고 있고, 실제로 소명을 주신다. 하지만 정작 우리는 데라가 될 수도 있고, 아브라함이 될 수도 있다. 자녀를 데라로 키울 수도 있고, 아브라함으로 키울 수도 있는 것이다. 데라는 소명을 받고 어려운 출발을 했으나 중간에 멈추었지만, 아브라함은 끝까지 소명을 완수했다.

3번 문제도 틀리기 쉬운 문제다. 대개 아브라함의 자녀를 이삭과 이스마엘 두 명으로 알고 있는데, 사실은 8명이다. 사라가 죽은 뒤에 아브라함이 다시 결혼을 했는데 그때 6명의 아이를 낳았다.

> "아브라함이 후처를 맞이하였으니 그의 이름은 그두라라 그가 시므란과 욕산과 므단과 미디안과 이스박과 수아를 낳고"(창 25:1-2).

4번 문제에 대해서도 생각해 보자. 크리스천이라면 반석과 모래 위에 지은 집에 대한 설교를 들어 보았을 것이다. 하지만 반석과 모래 위에 지은 집만 기억하지 그 차이가 무엇인지에 대해서는 잘 알지 못한다.

마태복음 7장 24-27절을 보면 반석과 모래 위에 지은 집에 대한 산상수훈의 결론이 나온다. 그런데 두 집의 차이는 말씀을 믿고, 믿지 않고의 차이가 아니다. "나의 이 말을 듣고 행하는 자"는 반석 위에 지은 집이고, "나의 이 말을 듣고 행하지 아니하는 자"는 모래 위에 지은 집이다. 말씀을 들은 다음에 행하는 것이 반석이고, 행하지 않는 것이 모래다. 행함이 있는 믿음을 강조하신 것이다.

마태복음 7장 21절에도 "나더러 주여 주여 하는 자마다 다 천국에 들어갈 것이 아니요 다만 하늘에 계신 내 아버지의 뜻대로 행하는 자라야 들어가리라"고 말씀하셨다. "주여"는 믿는 자만이 할 수 있는 말이다. 하지만 천국은 "주여"라고 말하는 자가 아니라, 하나님의 뜻대로 행하는 자의 것이다.

몇 개나 맞았는지 채점을 해보자. 1번부터 4번까지는 모두 'X'이고, 5은 '○'이다. 개역한글이나 개역개정 성경에 '설교'라는 단어는 한 번도 나오지 않는다.

잘못 알고 있는 것이 더 안 좋은가, 모르는 게 더 안 좋은가? 잘못 알고 있는 것은 모르는 것보다 더 나쁜 것이다.

종교생활인가, 신앙생활인가?

수십 년 동안 교회에 다니고, 수도 없이 설교를 듣고, 여러 번 성경을 읽는데, 왜 우리는 성경 내용을 제대로 기억하지 못할까?

설교를 듣고 잊어버리고를 끊임없이 반복하는 곳이 바로 교회가 되어 버렸다. 분명히 우리는 성경 말씀을 듣고서 잊어버리기 위해서 교회 다니는 것이 아닐 것이다. 성경은 '여호와를 알자. 힘써 여호와를 알자'라고 부르짖고 있고, 하나님은 말씀을 마음판에 새기라고 명령하셨는데, 우리는 주일에 한 시간 정도 교회에 앉아 있는 것으로 신앙생활을 다했다고 여기는 종교생활을 하고 있다.

신앙의 본질은 하나님과의 관계성이고, 이 관계성은 기도를 통해 하나님과 교제하면서 이뤄진다. 그런데 지금 한국교회는 일방성만 넘치고 있다.

예수님의 공생애를 생각해 보자. 예수님은 이 땅에 진리의 말씀이 육신이 되어 오신 분이지만, 사복음서 중에 산상수훈 외에는 대부분 쌍방의 대화와 토론과 논쟁을 하셨다. 예수님은 삭개오에게 설교하시지 않고 대화를 나누셨다. 사마리아 여인을 만나 설교하신 것이 아니라 영혼을 깨우는 대화를 나누셨다. 제자들과는 청중에게 이야기한 내용으로 토론을 하셨다. 바리새인과 율법사, 서기관들과는 주로 논쟁을 하셨다. 예수님은 공생애 동안 상대방의 상황이나 필요를 아시고 상대방에게 철저하게 공감해서 질문하고 대화하고 토론하셨다. 성부 하나님도 '너희들 나랑 얘기 좀 하자, 따져 보자, 변론 좀 하자' 등으로 말씀하셨다.

신앙이 무엇인가? 신앙은 하나님과 나의 쌍방향 관계다. 하나님께서 우리를 사랑하셨듯이 우리도 하나님을 사랑하는 것이다. 하나님을 사랑하려면 하나님의 말씀을 듣고 잊어버려야 하는 것이 아니라 하나님과 기도로 대화하며 그분과 동행하는 삶을 살아야 한다.

그런데 오늘날에는 주일에 예배드리는 것이 믿음의 전부가 되어 버렸다. 성경 어디에도 교회에 나와 한 시간 예배를 드리면 구원받는다는 말씀은 없다. 또 예배란 찬양하고 기도하고 설교하는 것이라는 말씀도 없다. 그런데 오늘날 많은 사람들이 말씀에도 없는 신앙생활을 하고 있다. 왜 그런가?

우리는 예수를 믿는 것을 교회에 다니는 것과 동일시한다. 하지만 교회에 다니면 저절로 예수가 믿어지는가? 우리는 마치 혹시 있을지도 모르는 천국과 지옥에 대해서 보험을 들어 놓는 심정으로 일주일에 하루 교회에 앉아 있어 주는지도 모른다.

또 교회에 가서 예배드린다면서 관람하다 오는 경우가 많다. 목사의 설교와 찬양단의 찬양을 관람하다 오는 것이다. 실제로 많은 사람들이 목사의 설교를 듣고 마음에 들면 그 교회에 다닌다. 여기에는 수동적인 자세로 말씀을 듣고 오겠다는 전제가 있다. 예배드리는 것을 그저 수동적인 자세로 말씀 듣는 것으로 아는 것이다. 그런데 설교를 쇼핑하는 것이 신앙생활인가?

당신은 지금 종교생활을 하고 있는가, 신앙생활을 하고 있는가?

02

신앙을 지킨 유대인의 저력은 하브루타에 있다

듣고 지키고 행하라

"네가 네 하나님 여호와의 말씀을 삼가 듣고 내가 오늘 네게 명령하는 그의 모든 명령을 지켜 행하면 네 하나님 여호와께서 너를 세계 모든 민족 위에 뛰어나게 하실 것이라"(신 28:1).

이 말씀에 따라 우리는 자녀를 위한 기도를 할 때 '세계 모든 민족 위에 뛰어나게 해달라'고 기도한다. 하지만 앞 구절에 조건이 있다. 이 조건이 충족되어야만 뒤의 약속이 이루어질 수 있다. 바로 "네가 네 하나님 여호와의 말씀을 삼가 듣고 내가 오늘 네게 명령하는 그의 모든 명령을 지켜 행하면"이다. 이 조건을 충족하면 모든 민족 위에 뛰어나게 하시겠다는 것이다.

여기서 '말씀'과 '명령'은 같은 말이다. 그렇다면 하나님의 말씀과 관련해 세 가지 동사를 충족하면 된다. 첫째가 듣는 것이고, 둘째가 지키는 것, 셋째가 행하는 것이다. 하나님의 말씀을 듣고 지키고 행하라는 것이다. 우리는 어떤가? 듣기만 한다. 지키고 행하지는 않는다. 그러니 하나님께서 뒤의 약속을 행하실 수 없는 것이다.

이스라엘 역사에서 하나님의 이 약속은 과연 지켜졌을까? 하나님은 유대인을 전 세계 모든 민족들보다 뛰어나게 해주셨다. 노벨상의 30퍼센트, 하버드를 비롯한 아이비리그 진학자의 30퍼센트를 유대인이 차지하고 있다. 금융이나 경제, 언론, 정치 등 각 분야에서도 탁월한 능력을 보이고 있다.

그러면 유대인은 앞의 세 가지 조건을 충족했다는 것인가? 그렇다. 유대인은 구약시대부터 말씀을 듣고 지키고 행하기 위해 애썼다. 따라서 하나님의 이 위대한 약속이 당신 삶에서 성취되기를 원한다면, 하나님의 말씀을 듣고 지키고 행해야 한다.

신명기 28장은 순종과 불순종의 결과가 어떠한지를 설명하고 있다. 순종하면 이런 복을 주고 불순종하면 이런 저주가 내린다고 기록하고 있다.

그러면 순종하면 어떤 복을 받는가?

성읍에서도 복을 받고 들에서도 복을 받고 들어와도 복을 받고 나가도 복을 받는다고 한다. 몸의 자녀와 토지의 소산, 짐승의 새끼와 우양의 새끼, 심지어 광주리와 떡 반죽 그릇도 복을 받는다. 하나님이 창고와 손으로 하는 모든 일에 복을 주신다. 또 대적들이 치러 오면 하나님이 앞에서 막으셔서 그들이 한 길로 쳐들어왔다가 일곱 길로 도망갈 것이다. 하나님의 성민이 되게 할 것이며, 여호와의 이름으로 인해 세계 만민이 두려워하게 될 것이다. 하나님이 열조에게 맹세하신 땅을 줄 것이고, 하늘의 아름다운 보고를 열어 땅에 비를 주실 것이다. 그래서 다른 민족에게 꾸어 줄지언정 꾸는 일은 없을 것이며, 그들 중에 꼬리가 아니라 머리가 될 것이다.

이 모든 것은 여호와의 말씀을 청종하고 지켜 행할 때 주실 복이다. 1절에 이어 2절에도 이 같은 복을 주시기 위한 조건이 붙어 있는데 바로 "네가 네 하나님 여호와의 말씀을 청종하면"이다. 청종, 다시 말해 듣고 행하라는 것이다. 13절에도 같은 조건이 나온다.

> "여호와께서 너를 머리가 되고 꼬리가 되지 않게 하시며 위에만 있고 아래에 있지 않게 하시리니 오직 너는 내가 오늘 네게 명령하는 네 하나님 여호와의 명령을 듣고 지켜 행하며"(신 28:13).

1절과 2절, 13절 모두 듣고 지켜 행하라고 강조하고 있다. 그러면 이 같은 복을 주겠다고 하신다. 자녀가 세계 모든 민족 위에 뛰어나길 원하는가? 자녀가 머리가 되고 위에 있기를 원하는가? 그렇게 되기를 기도하기보다 더 중요한 일은 하나님 말씀을 듣고 지키고 행하는 것이다.

예수님이 말씀하신 가장 큰 계명

유대인은 과연 어떤 말씀을 지켜 행했을까? 유대인이 가장 중시하는 말씀은 '쉐마'다. 신명기 6장과 11장 그리고 민수기 13장에 쉐마, 즉 '들으라'가 나온다. 하나님의 백성이 삶에서 반드시 지켜야 할 명령이다.

이중 유대인이 가장 중시하는 성경 구절은 신명기 6장 4-9절의 쉐마 말씀이다. 예수님도 이 성경구절을 인용하셨다.

> "예수께서 사두개인들로 대답할 수 없게 하셨다 함을 바리새인들이 듣고 모였는데 그중의 한 율법사가 예수를 시험하여 묻되 선생님 율법 중에서 어느 계명이 크니이까 예수께서 이르시되 네 마음을 다하고 목숨을 다하고 뜻을 다하여 주 너의 하나님을 사랑하라 하셨으니 이것이 크고 첫째 되는 계명이요 둘째도 그와 같으니 네 이웃을 네 자신같이 사랑하라 하셨으니 이 두 계명이 온 율법과 선지자의 강령이

니라"(마 22:34-40).

율법사 중 한 사람이 예수님께 율법 중 최고가 되는 첫째 말씀이 무엇이냐고 물었는데 예수님은 첫째 계명으로 하나님을 사랑하라고 하신다. 이때 신명기 6장 5절을 인용하셨다. 그러면서 하나님을 사랑하고 이웃을 사랑하는 것이 온 율법과 선지자의 강령이라고 분명하게 말씀하신다.

마가복음 12장에도 서기관이 와서 율법 중 어느 계명이 크냐고 묻자 예수님은 역시 신명기의 쉐마를 인용하면서 하나님을 사랑하라 하시고, 레위기를 인용하면서 이웃을 사랑하라고 하신다. 누가복음 10장에도 율법사가 무엇을 해야 영생을 얻느냐고 묻자, 역시 예수님은 하나님을 사랑하고 이웃을 사랑하라고 말씀하신다. 예수님은 이렇듯 행함을 강조하셨다.

쉐마의 말씀을 한 구절씩 생각해 보자.

"이스라엘아 들으라 우리 하나님 여호와는 오직 유일한 여호와이시니"(신 6:4).

신명기의 쉐마는 하나님이 유일한 분이심을 강조하고 있다. 예수를 믿는다는 사람 중에 이것을 부정하는 이는 없을 것이다. 그런데 문제는 우리의 신앙이 여기까지라는 것이다.

> "너는 마음을 다하고 뜻을 다하고 힘을 다하여 네 하나님 여호와를 사랑하라"(신 6:5).

하나님은 사랑이시다. 하나님은 우리를 너무나 사랑하셔서 독생자 예수를 보내 우리를 대신해 피를 흘리게 하셨다. 마음을 다하고 힘을 다해 그 하나님을 사랑하고 있는가?

상대의 마음을 헤아려 아는 것이 사랑의 시작이다

그런데 우리는 '하나님은 사랑이시다'는 크게 말하면서 '하나님을 사랑하라'는 작게 말한다. 하나님의 사랑을 받으려고는 하지만 하나님을 사랑하는 데는 별 관심이 없다. 설교 시간이나 찬양할 때도 '하나님은 사랑이시다'는 메시지가 차고 넘친다. 하나님이 사랑이심을 강조하는 것은 중요하다. 다만 이때 '하나님을 사랑하라'도 강조해야 균형 잡힌 신앙생활을 할 수 있다.

그렇다면 하나님을 사랑하는 것은 어떤 것일까? 사랑이란 무엇인가?

믿음이 뭐냐고 물으면 수많은 정의가 나오듯이 사랑이 뭐냐고 물으면 그보다 더 많은 정의가 나올 것이다. 그런데 사랑은 상대방의 마음을 헤아리는 것에서 시작된다. 남편이 아내를 사랑한다는 것은,

무엇보다 아내의 마음을 헤아려 아는 것에서 시작된다.

예를 들어 보자. 오늘은 아내의 생일이다. 아내는 최근 외출할 때마다 외투가 마땅찮아서 곤란했다. 그래서 남편이 자신의 생일 선물로 외투를 사 주길 바랐다. 남편은 아내의 생일에 빈손으로 집에 들어와서는 "오늘 당신 생일이지? 내가 맛있는 거 사 줄게. 나가자" 했다. 아내는 남편이 혹시 외투를 사 줄지도 모른다는 기대로 한껏 들떠 따라나섰다. 그런데 남편은 외투는커녕 본인이 좋아하는 삼겹살 집으로 들어가는 것이었다. 외투가 아니라면 아내가 좋아하는 음식점이나 분위기 좋은 레스토랑에라도 데려가야 하지 않겠는가. 아내의 생일에 자신이 좋아하는 삼겹살을 맛있게 먹고 있는 남편의 모습을 바라보는 아내의 마음은 어떻겠는가?

어떤가? 남편이 아내를 사랑한다는 것은, 아내의 마음을 헤아려 아는 것이다. 이것이 사랑의 시작이다. 자녀를 사랑한다면 자녀의 마음을 헤아려 알아야 한다. 자녀의 꿈이 뭔지, 자녀의 소질과 적성이 무엇인지 헤아려 알아야 한다. 그리고 자녀교육은 헤아려 안 것대로 교육하는 것이다.

그런데 오늘 한국의 부모는 어떤가? 자녀의 마음이 아니라 자신의 마음을 헤아려 자기가 원하는 대로 아이를 끌고 간다. 학원도 정해 주고 대학도 정해 주고 직업도 정해 주고는 그대로 하라고 지시한다. 자녀는 그런 부모에게서 사랑을 느낄 수 없다. 오히려 분노가 들끓고 복수심만 키우게 된다.

그렇다면 하나님을 사랑한다는 것은 무엇일까? 하나님의 마음을 헤아려 아는 것이 그 시작이다. 하나님은 무엇보다 우리가 당신의 마음을 알아주기를 바라신다. 성경을 통해 하나님의 뜻이 무엇인지를 알아주길 원하신다.

하나님의 마음을 알려면 말씀을 봐야 한다. 그러므로 성경 말씀을 읽을 때 가장 먼저 할 것은 하나님의 마음을 읽는 것이다. 왜 예수님을 이 땅에 보내셨는지, 예수님이 왜 십자가에 달려야 했는지, 그 심정을 헤아리는 것이 먼저 할 일이다. 그래서 다음 말씀이 있는 것이다.

"오늘 내가 네게 명하는 이 말씀을 너는 마음에 새기고"(신 6:6).

'새긴다'는 것은 듣고 지나치거나 귓등으로 흘리는 것이 아니다. 돌이나 철판에 무언가를 새기려면 힘이 들긴 하지만 절대 지워지지 않는다. 이처럼 절대 잊지 못하게, 지켜 행하지 않으면 안 되게 말씀을 마음에 새기라는 것이다.

유대인이 가장 중시한 말씀

유대인이 중시해서 목숨을 걸고 지키는 것 중에 한국의 크리스천은 가장 순종하지 않는 말씀이 있다. 앞에서 유대인이 가장 중요시하는 말씀은 쉐마라고 했다. 그런데 이 쉐마 중에서 그들이 목숨을 걸고 지키는 것이 바로 신명기 6장 7절 말씀이다.

> "네 자녀에게 부지런히 가르치며 집에 앉았을 때에든지 길을 갈 때에든지 누워 있을 때에든지 일어날 때에든지 이 말씀을 강론할 것이며."

말씀을 새긴 다음에는 자녀에게 부지런히 가르쳐야 한다. 이것이 하나님의 마음을 헤아려 하나님을 사랑하는 것이다. 유대인들은 이방 전도를 하지 않는다. 그래서 자녀에게 하나님을 가르치지 않으면 하나님은 유대인 역사에서 사라지게 된다. 그렇기에 하나님은 자녀를 부지런히 가르치는 것이 우리가 하나님을 사랑하는 것이라고 말씀하시는 것이다.

유대인은 모세가 시내 산에서 하나님 말씀을 받은 때로부터 지금까지 3400년 동안 '자녀를 부지런히 가르치라'는 말씀을 금과옥조처럼 여기며 실천해 왔다.

하나님은 자녀를 구원의 길로 이끄느냐 그렇지 않느냐를 교회나 목회자에게 묻지 않고 그 부모에게 묻겠다고 하셨다. 그래서 유대인은 자녀의 성인식을 평생 가장 기쁜 날로 여긴다. 이유인즉슨, 성인식을 치른 자녀는 그 순간부터 성인으로 대접받는다. 이는 곧 부모가 '네 자녀를 부지런히 가르치라'는 하나님의 명령에 대한 책임에서 자유로워졌음을 의미하기도 한다. 유대인은 성인식을 12-13세에 하는데, 1년 이상 준비하고 성대하게 치러 준다. 가족은 물론이고 친척과 이웃이 결혼식 이상으로 축의금을 주며 축하해 준다. 평균 5만 달러 이상, 우리 돈으로 5천만 원 이상의 축의금이 건힌다고 한다.

이 돈은 부모가 아니라 자녀의 것이다. 부모는 이 돈의 투자 방법에 대해 조언해 준다. 펀드에 넣을 것인지 저금할 것인지, 아니면 다른 곳에 투자할 것인지를 두고 의논하면서 결정하는 것이다. 돈의 투자처가 결정되면 어떤 펀드에 넣을 것인지, 어느 금융회사에 넣을 것인지, 수익률은 어떤지 등을 공부하면서 의논한다. 각 펀드의 장단점을 철저히 분석해서 장기적으로 가장 유리한 펀드를 찾고 회사의 재무구조를 살피는 등 다각도로 살펴보면서 자녀들은 자연스럽게 경제를 공부하게 된다.

성인식을 치르고 받은 5-6천만 원 정도의 축의금이 학교를 졸업하고 사회에 진출하는 24-25세 즈음이 되면 최소 1억 원으로 불어나게 된다. 유대인은 대학을 졸업하는 동시에 1억 원을 손에 쥐게 되는 것이다. 한국의 청년들이 대학을 졸업하자마자 학자금 대출 때문에 빚더미에 앉는 것과는 매우 대조되는 모습이다.

최근 뇌과학 연구에 의하면, 자녀가 부모의 말을 잘 듣지 않기 시작하는 시점이 열두 살이라고 한다. 열두 살 이전까지는 부모의 말이 자녀의 말과 행동에 영향을 미치지만, 열두 살이 넘어가면 부모의 말에 저항해 오히려 거꾸로 행동할 가능성이 높다. 12-13세라면, 우리 아이들이 중학교에 입학하는 나이다. 이때부터 유대인 부모들이 자녀에게 하라, 하지 말라는 명령을 삼가게 된다. 이 시절부터 부모는 자녀에게 말과 행동을 지시하는 게 아니라 단지 조언한다. 말과 행동에 대한 최종 결정과 책임은 자녀에게 있다. 즉 자녀는 이때부터 성인인 것이다. 그러니 열두 살 이전에 생활 습관이나 행동양식을 바르게 잡아 주어야 한다. 그리고 부지런히 말씀을 가르치고 신앙이 자라도록 힘써야 한다. 유대인들은 그렇게 하고 있다.

그런데 우리는 어떤가? 신앙교육의 책임은 교회나 목회자에게 있다고 생각하고 부모가 나서지 않는다. 유대인 부모들이 신앙교육에 대한 무거운 책임감을 느끼는 것과 너무나 다른 모습인 것이다.

탈무드를 보면, 성인 10명이 모이면 회당을 설립할 수 있다. 10명이 안 되면 그냥 기도하는 곳이 된다. 성인식을 치른 12-13세의 자녀 10명만 있어도 회당을 세울 수 있는 것이다. 유대인은 이렇듯 성인식을 치른 자녀를 독립된 존재로서 인정하고 대접한다.

예수님도 12세에 성인식을 위해 예루살렘에 가셨다. 유대인은 12세 이전에는 하나님 말씀을 부모에게 배워야 하기 때문에 부모 외에 율법사나 서기관에게 물을 수가 없었다. 즉 토론이나 논쟁을 할 수 없었다. 예수님이 예루살렘 성전에서 3일 밤낮을 율법사와 서기관들 사이에서 토론할 수 있었던 데는 이 같은 배경이 있는 것이다. 성인이 되었기에 가능했던 일이다.

> "사흘 후에 성전에서 만난즉 그가 선생들 중에 앉으사 그들에게 듣기도 하시며 묻기도 하시니"(눅 2:46).

예수님은 그때까지 해결하지 못했던 수많은 질문들을 서기관과 율법사에게 물었고 자신의 생각도 피력하셨다. 그러느라 고향으로 가야 한다는 생각조차 까마득히 잊고 있었다. 이렇게 듣기도 하고 묻기도 하는 과정 자체가 하브루타다.

강론에 비밀이 있다

"집에 앉았을 때에든지 길을 갈 때에든지"(신 6:7)는 '집 안에 있든지 집 밖에 있든지'라는 의미로, '어디서든지'가 된다. 즉 모든 공간을 의미한다. 그리고 "누워 있을 때에든지 일어날 때에든지"는 모든 시간을 의미한다. '밤이든지 낮이든지, 즉 언제든지'라는 뜻이다. 따라서 신명기 6장 7절 말씀은, 언제 어디서든지 하나님의 말씀을 가르치라는 뜻이다. 이 말씀을 그대로 지키자니 유대인이 얼마나 부담스러웠겠는가?

그런 다음 하나님은 '강론하라'고 명령하신다. 강론(講論)은 한자로 익힐 강(講)과 논할 논(論)이다. 강은 익히고 읽고 해석하는 것이고, 논은 토론하고 헤아리는 것이다. 즉 '가르치고 토론하라'는 것이다. 영어성경은 이 강론을 'talk about'으로 해석한다. '대화하다, 이야기하다'는 뜻으로 쌍방이 대화를 주고받는다는 뜻이다.

그런데 우리는 토론은 하지 않고 가르치기만 한다. 쌍방향이 아니라 일방향인 것이다.

유대인은 이 쉐마의 말씀을, '하나님께서 나에게 자녀를 부지런히 가르치라고 명령했다. 그리고 공간과 시간을 가리지 않고 하나님의 말씀을 가지고 자녀와 이야기를 나누라고 명령했다'라고 이해한다. 그래서 유대인은 3400년 전부터 자녀와 함께 언제 어디서든 하나님의 말씀으로 이야기를 나누고 수다를 떨었다. 이것이 바로 하브루타이고, 그렇기 때문에 하브루타는 하나님의 방법인 것이다.

하브루타는 '짝을 지어 질문하고 대화하고 토론하고 논쟁하는 것'이다. 유대인들이 이 하브루타로 세계 모든 민족 위에 뛰어난 존재가 되었다.

한편, 이 쉐마에는 비밀이 있다. 가르치는 자가 가르치는 중에 말씀에 사로잡히게 된다는 사실이다. 실제로 학습 피라미드에 의하면 가르침을 받는 사람은 24시간 뒤에 그 내용의 5퍼센트밖에 기억하지 않지만, 가르치는 사람은 90퍼센트나 기억하게 된다고 한다. 부모가 하나님 말씀을 자녀에게 가르치면 자녀의 신앙이 성숙해지는 동시에 부모 자신의 신앙이 자라게 된다. 더구나 자녀에게 가르친 것을 부모가 지키지 않을 수 없다. 이율배반의 행동을 할 수 없는 것이다. 이것이 3400년 넘게 유대인이 신앙을 유지한 비결이다. 가르치면서 배우고, 배운 뒤에는 가르치면서 신앙을 전수해 온 것이다.

하브루타 문화의 대표적인 예가 잠들기 전에 자녀에게 성경 이야기를 들려주는 '베드타임 스토리'(Bedtime Story)와 안식일 저녁에 가족과 3시간 넘게 대화를 나누는 '안식일 식탁 문화'다. 유대인은 잠에서 깨자마자 쉐마를 암송하며 하루를 마치고 자기 전에도 암송한다. 집을 나갈 때나 들어올 때는 쉐마가 들어 있는 메주자에 반드시 손을 댄다.

유대인은 안식일에 일을 하지 않는다. 성경이 안식일에 일하면 돌로 쳐서 죽이라고까지 가르치고 있기 때문이다. 그래서 요즘도 안식일에 예루살렘의 정통파 거리를 차를 몰고 가면 돌이 날아오기도 한다.

안식일에 통곡의 벽에 가면 수많은 유대인이 기도하는 모습을 볼 수 있다. 이방인의 출입을 제한하지 않기 때문에 관광객도 들어갈 수 있는데, 반드시 '키파'라는 빵모자를 써야 한다. 그러나 사진을 찍을 수는 없다. 사진 찍는 것도 일이라고 생각하기 때문이다. 나는 통곡의 벽에서 뭔가를 메모하다가 유대인들에게 제지를 당했다. 메모하는 것도 일이라고 생각하기 때문이다. 나는 그때 이런 생각을 했다.

'유대인들아, 네가 이렇게 말리는 건 일이 아니니?'

안식일에 일하지 않기 위해 유대인들은 요리도 하지 않고 불도 켜지 않으며 심지어 엘리베이터 버튼도 누르지 않는다. 안식일에 호텔 엘리베이터는 두 종류로 운행된다. 하나는 유대인용이고 다른 하나는 이방인용이다. 유대인용 엘리베이터는 모든 층에 자동으로 서도록 되어 있어 버튼을 누를 필요가 없다. 그래서 안식일에 30층 빌딩을 오르려면 10분 이상이 소요된다.

안식일 식탁 하브루타의 위대한 힘

유대인은 안식일에 일을 하지 않는 대신 안식일 식탁을 갖는다. 유대인에게 하루의 시작은 밤부터다. 왜냐하면 창세기에 '밤이 되고 아침이 되니'라고 기록되어 있기 때문에 하루의 시작을 밤으로 여기는 것이다. 그래서 유대인에게 안식일은 금요일 해가 지면서부터 시작해서 토요일 해가 지면 끝난다. 정확하게 24시간을 지키는 게 아니라 25시간을 지킨다. 왜냐하면 혹시라도 안식일에 일하는 죄를 짓지 않기 위해 1시간 정도 여유를 두는 것이다.

금요일 저녁 해가 지기 시작하면 남자들은 회당에 가는데, 그 전에 안식일 식탁을 준비한다. 음식 만드는 것도 불을 사용하는 것도 일이기 때문에 안식일이 시작되기 전에 모든 요리를 마친다. 그리고 해지기 직전에 촛불을 켠다. 촛불은 24시간 내내 타게 되는데, 안식일에는 불을 켤 수도 끌 수도 없기 때문이다.

저녁에는 온 가족이 모여 샤밧 디너를 한다. 할아버지, 할머니, 이모, 삼촌 등 가족뿐만 아니라 가까운 친척들까지 함께 모인다. 가능하면 3-4대가 같이 모이는 것을 원칙으로 하는데 한 살 이전에는 엄마가 안고 안식일 식탁에 참여하지만 한 살이면 안식일 식탁에 의자가 놓인다.

안식일 식탁에서는 찬송을 부르고 기도를 한 뒤 음식을 먹으면서 가족끼리 대화를 나눈다. 유대인은 매일 정해진 본문으로 말씀 묵상을 하는데, 본문은 동일하다. 모든 유대인이 같은 날 같은 본문으로 묵상하고 대화를 나누는 것이다. 안식일에는 일주일 동안 묵상한 본문으로 대화를 나눈다. 보통 1시간가량 성경 본문을 가지고 온 가족이 돌아가며 이야기를 나눈다. 그런 다음 2-3시간 동안 일주일 간 있었던 일들을 온 가족이 나누고 대화를 한다.

흔히 헬레니즘은 분석적인 데 반해 헤브라이즘은 통합적이고 종합적이라고 한다. 이 통합적이고 종합적인 문화가 안식일 식탁에서 그대로 드러난다. 자녀가 학교에서 있었던 어떤 문제에 대해서 말하면, 엄마와 아빠, 형제들이 돌아가며 자기 입장에서 그 문제를 어떻게 바라보는지 이야기하고 그 해결 방안을 말해 준다. 이렇게 온 가족이 어떤 한 가지 문제를 놓고 집중적으로 질문하고 토론하고 대화하기 때문에 그 자리에서 바로 코칭이 일어나고 멘토링과 튜터링, 컨설팅, 카운슬링까지 이뤄진다. 진정한 융합이 일어나는 것이다.

성경 말씀으로 온 가족이 토론하는 것도 너무 의미 있는 일이지만, 이렇게 일상을 나누면서 가족끼리 흉허물이 없고 숨기는 게 없는 것도 의미가 있다.

스트레스나 울화병 같은 것이 생기는 이유는 충분히 말하지 못하기 때문이다. 언제든지 내 문제를 솔직하게 나눌 수 있는 가족이 있다는 것만큼 큰 복도 없다. 마음을 알아주고 염려해 주고 응원해 주는 사람이 한 명이라도 있다면 인생은 살 만하다.

유대인에게 부모는 자신의 마음을 알아주는 사람이다. 그래서 유대인은 부모를 사랑하고 존경한다. 부모는 자녀의 성격과 적성, 소질 등 시시콜콜한 것까지도 잘 알기 때문에 언제든지 자녀에게 멘토링과 코칭을 할 수 있다.

유대인은 지난 2천여 년 동안 나라도 없이 러시아와 유럽, 미국, 심지어 중국 등 세계 각지로 흩어져 살았다. 그런데 더 슬픈 것은, 그들은 각 나라에 흩어져 살면서 종교적으로도 인정받지 못했을뿐더러 엄청난 박해를 받았다는 것이다. 그럼에도 그들은 자신의 정체성을 지켰고 2천여 년이 흐른 뒤 1948년에 자기들 힘으로 나라를 세웠다. 이것은 세계 어느 나라에서도 유례가 없는 경우다. 과연 유대인의 이 같은 저력은 어디서 나오는 것일까?

이는 쉐마를 목숨보다 귀히 여기며 지켰고 그것을 자녀들에게 그대로 전수했기에 가능했다. 즉 하브루타가 유대인 저력의 원천이다.

우리도 유대인처럼 자녀에게 말씀을 부지런히 가르쳐야 한다. 그들처럼 하나님 말씀을 목숨처럼 지키고 행해야 한다. 유대인의 안식일 식탁을 배워야 한다.

03

신바리새인에서 벗어나 지키고 행하게 하라

설교가 아니라 강론이다

예배에서 설교는 거의 전부라고 해도 과언이 아니다. 기독교에서 설교가 예배의 중심인 것이다. 그런데 개역개정 성경에는 설교라는 단어가 없다. 물론 예수님과 사도들이 설교하는 장면은 등장한다.

성경은 설교 대신 '강론'이라는 단어를 사용한다. 신명기에 2번(신 6:7, 11:19), 사도행전에 8번, 총 10번 강론이라는 단어가 나온다.

사도행전에서 '강론'은 17장에서 처음 등장한다. 바울이 안식일에 유대인들에게 복음을 강론했다고 나오는데, 십자가에 달려 돌아가신 예수님이 바로 메시아라고 강론한 것이다. 19장을 보면 유대인은 그런 바울을 배척하고 핍박했으며, 3개월이나 머물며 강론에 힘쓴 바울은 마침내 한계를 느껴 유대교와 결별하고 교회를 세우게 된다.

> "바울이 회당에 들어가 석 달 동안 담대히 하나님 나라에 관하여 강론하며 권면하되 어떤 사람들은 마음이 굳어 순종하지 않고 무리 앞에서 이 도를 비방하거늘 바울이 그들을 떠나 제자들을 따로 세우고 두란노 서원에서 날마다 강론하니라"(행 19:8-9).

바울이 2년간이나 복음을 강론한 두란노 서원은 어떤 곳인가? '서원'이란 스콜레로 영어 스쿨(school)이 여기서 유래했다. 그렇다면 스콜레는 어떤 곳인가?

그리스는 무슨 일이든 토론으로 결정했을 만큼 민주주의가 발달한 곳이다. 성경에도 바울이 그리스의 여러 도시를 방문해서 사람들과 논쟁하고 토론하는 장면이 묘사되어 있다. 철학, 교육 등 삶의 여러 문제를 놓고 서로 치열하게 토론하고 논쟁하는 민족이 그리스인이었다. 그래서 그리스에는 커다란 토론 광장이 있었다. 바로 '아고라'(agora)다. 그런데 비나 눈이 오거나 저녁에는 아고라에서 토론하기가 어려웠다. 그래서 실내의 토론 공간, 즉 스콜레를 만들었다.

그러니까 스콜레는 성경의 표현으로 말하면 '강론'하는 곳이다.

'강론'은 스승이 제자를 가르치기도 하지만 스승과 제자 사이에 또는 제자들 간에 여러 문제를 놓고 치열하게 토론하는 곳이기도 하다.

'education'의 원래 의미는 '안에서 밖으로 이끌어 내다'이다. 밖에서 안으로 집어넣는 것이 아니라 안에서 밖으로 끌어내는 것이다. 스콜레에서 한 일이 바로 이 'education'이다. 그런데 오늘날 우리 교육은 '안에서 밖으로'가 아니라 '밖에서 안으로' 집어넣는 데 온 힘을 기울이고 있다. 이렇듯 정반대로 가르치는 것이 진정한 교육일까?

영어성경(NIV)은 사도행전 19장 8절의 강론을 argue로, 9절의 강론을 discussion으로 번역했다. 즉 유대인 회당에 가서는 바울이 성경을 가지고 논쟁했다는 것이고, 두란노 서원에서는 토론을 했다는 해석이다. 신명기의 강론은 'talk about'으로 번역하고 있다.

따라서 강론은 대화(talk about), 토론(discussion), 논쟁(argument)의 뜻을 가지고 있다, 하브루타의 정의가 '짝을 지어 질문하고 대화, 토론, 논쟁하는 것'이기 때문에 강론이 곧 하브루타임을 알 수 있다. 그리고 하브루타는 구약보다 신약에 훨씬 많이 나온다.

듣고 행하지 않으면 모래 위에 지은 집

삶으로 말씀을 실천하지 못하면 사회의 조롱거리가 되고 만다.

오늘날 한국교회는 도리어 사회가 걱정하는 집단이 되고 말았다. 그 이유 중 하나는 교회가 성도를 수동화, 피동화시켰기 때문이다. 성도는 '듣는 사람'이 아니라 '하나님 말씀을 삶으로 살아내는 사람'이다.

지금과 같은 설교 중심의 예배를 드리게 되면, 성도는 영원히 듣는 존재, 즉 구경꾼으로 전락하여 교회는 역동성을 잃고 만다. 지금도 교회학교가 상당한 속도로 무너지고 있다. 전국 50퍼센트 이상의 교회에 주일학교가 없다고 한다. 주일학교가 있더라도 최근 5-10년 새 빠른 속도로 학생 수가 줄어들고 있다.

> "너희는 말씀을 행하는 자가 되고 듣기만 하여 자신을 속이는 자가 되지 말라"(약 1:22).

성경은 말씀을 듣고 잊어버리지 말라고 한다. 말씀을 들어 알고 있으면서 그 말씀대로 행하지 않는 것은 자신을 속이는 것이다.

> "자유롭게 하는 온전한 율법을 들여다보고 있는 자는 듣고 잊어버리는 자가 아니요 실천하는 자니 이 사람은 그 행하는 일에 복을 받으리라"(약 1:25).

이 말씀은 신명기에서 수없이 강조한 '듣고 지키고 행하라'는 명령과 연결된다. 성경은 '듣고 잊어버리고'를 하지 말라고 경고하고 있다. 예수님도 네가 알고 있는 것을 행하라고 말씀하셨다.

> "그러므로 사람이 선을 행할 줄 알고도 행하지 아니하면 죄니라"(약 4:17).

무서운 말씀이다. 죄의 삯은 사망이기 때문이다. 그런 점에서 한국교회가 성도를 죄인으로 양성하고 있는 것은 아닌지 돌아보아야 한다. 무엇이 선인지는 알게 하지만 행하게는 하지 않기 때문이다. 성경은 믿음이 머릿속으로만 아는 것이거나 입술로만 시인하는 것이 아님을 분명히 말하고 있다. 믿음은 행함을 통해 증명해야 한다. 행함이 없는 믿음은 죽은 것이다.

예수님이 설교 형식으로 한 말씀이 아마 산상수훈일 것이다. 나는 성경에서 가장 중요한 말씀이 산상수훈이라고 생각한다. 말씀으로 오신 예수님이 직접 하신 말씀이니 말이다. 산상수훈의 가르침대로만 신앙생활을 한다면 크리스천은 사회의 빛과 소금으로 살아가게 될 것이다.

산상수훈의 결론에 해당하는 부분인 마태복음 7장 21-27절 말씀을 살펴보자.

> "나더러 주여 주여 하는 자마다 다 천국에 들어갈 것이 아니요

다만 하늘에 계신 내 아버지의 뜻대로 행하는 자라야 들어가리라 그날에 많은 사람이 나더러 이르되 주여 주여 우리가 주의 이름으로 선지자 노릇 하며 주의 이름으로 귀신을 쫓아내며 주의 이름으로 많은 권능을 행하지 아니하였나이까 하리니 그때에 내가 그들에게 밝히 말하되 내가 너희를 도무지 알지 못하니 불법을 행하는 자들아 내게서 떠나가라 하리라 그러므로 누구든지 나의 이 말을 듣고 행하는 자는 그 집을 반석 위에 지은 지혜로운 사람 같으리니 비가 내리고 창수가 나고 바람이 불어 그 집에 부딪치되 무너지지 아니하나니 이는 주추를 반석 위에 놓은 까닭이요 나의 이 말을 듣고 행하지 아니하는 자는 그 집을 모래 위에 지은 어리석은 사람 같으리니 비가 내리고 창수가 나고 바람이 불어 그 집에 부딪치매 무너져 그 무너짐이 심하니라"(마 7:21-27).

산상수훈의 결론에 해당하는 본문이다. 천국에 가는 자는 하나님의 말씀을 듣기만 하는 사람이 아니다. 예수님을 '주여, 주여' 부르는 사람도 아니다. 그럼 누가 천국에 가는가? 하나님의 뜻대로 행하는 사람이다. 예수님을 '주여, 주여' 부르는 사람이란 예수님을 믿고 따르는 사람을 말한다. 그런데 이들이 아니라 하나님의 뜻대로 행하는 자만 천국에 들어간다고 말씀하신다.

예수님의 이름으로 귀신을 쫓는 등 권능을 행하는 사람이라도 하나님의 뜻대로 행한 것이 아니면 예수님은 그를 도무지 알지 못한다고 하신다.

25-26절에 보면 모래와 반석 위에 지은 집에 대해 말씀하고 있다. 반석 위에 지은 집과 모래 위에 지은 집의 차이는 무엇인가? 예수님을 믿으면 반석 위에 지은 집이고, 예수님을 믿지 않으면 모래 위에 지은 집인가? 아니면 하나님 말씀을 듣는 것이 반석 위에 지은 집이고, 하나님 말씀을 듣지 않는 것이 모래 위에 지은 집인가? 성경은 그렇게 말하지 않는다. 말씀을 듣고 행하는 자가 반석 위에 지은 집이고, 말씀을 듣고 행하지 않는 자가 모래 위에 지은 집이다.

말씀을 듣는다는 것은 예수님을 믿는 사람이라는 뜻이다. 예수님을 믿기 때문에 교회에 와서 설교를 듣는 것이 아닌가? 그런데 교회에 와서 말씀을 듣기만 하고 행하지 않으면 모래 위에 지은 집이다.

아브라함이 독자 이삭을 번제로 바치라는 하나님의 명령을 듣고 바로 모리아 산으로 떠났다. 이것이 믿음이다. 만일 아브라함이 100세에 겨우 얻은 자식 이삭이 너무 아까워 하나님의 말씀을 따르지 않았다면 오늘날 아브라함은 믿음의 조상이 될 수 없었을 것이다. 아브라함이 하늘의 별과 바다의 모래보다 더 많은 자손을 주시겠다는 하나님의 약속을 믿었기 때문에 그 믿음대로 하나님의 명령을 수행할 수 있었다. 그 믿음이 없었다면 절대 자식을 번제로 바치라는 명령을 따르지 못했을 것이다. 하나님이 독자 이삭을 살려 주실 것이라는 믿음이 믿음의 행위를 만든 것이다.

여리고 성의 라합 역시 이스라엘의 정탐꾼들을 숨겨서 살리는 행함으로 하나님을 믿는 그녀의 믿음을 증명했다. 그렇기에 그녀는 여리고 성이 함락될 때 살아날 수 있었고 예수님의 족보에 자신의 이름을 올릴 수 있었다.

순종에는 행함이 포함된다. 청종에도 행함이 포함된다. 예수님을 믿는다는 것은 예수님이 하신 말씀을 믿는 것이다. 바리새인처럼 기도하지 말고 세리처럼 기도하라 하셨고, 이 세상을 심판하러 오신다고 하셨고, 심령이 가난하고 애통한 것이 복이라고 말씀하셨다. 당신은 예수님을 믿는가? 입술로만 믿는 것이 아니라 말씀을 행함으로 믿는가?

젖먹이 신앙에서 자라지 않는 이유

신앙이란 하나님의 말씀을 일상에서 실천하는 것이다. 그런데 말씀을 실천하려면 먼저 말씀을 알아야 한다. 이 말씀이 내 죄를 깨닫게 해서 회개하고 말씀대로 실천하는 과정이 없으면 신앙은 성숙하지 못한다.

아기는 언제나 일방적으로 엄마에게 무언가를 요구한다. '젖 달라, 기저귀 갈아 달라, 안아 달라' 끊임없이 요구하고 떼를 쓴다. 하나님을 대하는 우리는 어떤가. '좀 더 좋은 집 달라, 좀 더 큰 차 달라, 좋은 직장 달라, 유명 대학에 입학하게 해 달라, 성공하게 해 달라…' 끊임없이 떼쓰며 달라고 요구하지 않는가. 바로 젖먹이 신앙이다. 오늘날 한국 기독교인의 대부분이 이런 젖먹이 신앙인으로 살아가고 있다. 기도하기 위해 손만 모았다 하면 울면서 달라고 떼를 쓴다. 그런데 성경은 장성한 분량까지 신앙이 자라야 한다고 명령한다. 하나님이 거룩한 것처럼 너희도 거룩하라고 하셨고, 하나님 앞에서 완전하라고 하셨다. 어렵고 힘들 때만 기도하는가? 젖먹이 신앙에 머물러 있는 것이다.

하나님이 인간에게 자유의지를 주셨다는 것은, 선택의 기회를 주셨음을 의미한다. 하나님은 아담에게 선악과를 따 먹을 것인가, 말 것인가 하는 선택의 자유를 주셨다. 잘 알다시피 아담은 따 먹는 선택을 함으로써 무서운 결과를 가져왔다. 하나님은 선택의 기회를 주심과 동시에 그 결과에 대해 책임을 지도록 하신다.

선택은 내가 하는 것이지 하나님이 하시는 것이 아니다. 선택을 하려면 내가 생각하고 판단하고 결정해야 한다. 성도들이 말씀을 듣고 실천하지 않는 이유는, 그 말씀이 내가 생각하고 판단하고 결정한 것이 아니기 때문이다. 목사님이 생각하고 판단하고 결정한 것을 들었을 뿐이니 실천의지가 없는 것이다. 말씀을 듣고 감동이 되어 잠시 도전과 위로를 받을 수 있겠지만 곧 잊어버린다.

물론 예배에서 설교는 반드시 있어야 한다. 목회자만큼 성경 말씀을 붙들고 끈질기게 고민하고 묵상하는 경우가 드물기 때문에 설교는 있어야 한다. 하나님의 뜻과 마음을 대변하는 말씀 선포는 너무나 중요하다. 그런데 문제는 그 말씀이 성도들 각자의 것으로 소화되어야 한다는 것이다. 야곱이 천사와 씨름한 것처럼 선포된 말씀을 가지고 성도들이 고민하고 판단하고 결정하는 과정이 반드시 필요하다. 교회가 성도들끼리 선포된 말씀을 가지고 치열하게 질문하고 토론하는 시스템을 만들어야 한다. 그래야 행함이 수반되는 신앙생활을 할 수 있다.

가르쳐 '지키게' 하고 있는가?

젖먹이 신앙이나 교회 마당만 밟고 가는 신앙, 일주일에 한 시간 교회에 와서 예배드리는 것으로 만족하는 신앙이 아니라, 하나님의 말씀을 삶으로 실천하는 성숙한 신앙을 가지려면 어떻게 해야 할까?

> "예수께서 나아와 말씀하여 이르시되 하늘과 땅의 모든 권세를 내게 주셨으니 그러므로 너희는 가서 모든 민족을 제자로 삼아 아버지와 아들과 성령의 이름으로 세례를 베풀고 내가 너희에

게 분부한 모든 것을 가르쳐 지키게 하라 볼지어다 내가 세상 끝날까지 너희와 항상 함께 있으리라 하시니라"(마 28:18-20).

이 말씀은 예수님이 이 땅에 오신 이유이자 우리에게 주신 지상 명령이다. '모든 민족을 제자 삼고 그들을 가르쳐 지키게 하라'는 말씀을 마음에 새겨야 한다. '지키게 하는 것'이 중요하다. 이것이 간과되어 오늘날 한국교회는 세상의 조롱거리가 되었다.

그런데 한국교회는 왜 '지키게 하는 것'에 실패했을까? 말씀이 머리에만 있고 마음으로 옮겨져 영혼까지 내려가지 않았기 때문이다. 예수님이 '독사의 자식'이라고 비난한 바리새인이 그랬다. 하나님의 말씀을 머리로만 이해해서 가슴이 부족한 사람들, 깨닫는 바가 없으니 실천이 안 되는 사람들이다. 바리새인이 그랬듯이 이런 사람들은 하나님을 대적하는 사람이 될 가능성이 매우 높다. 회심하기 전 사도 바울이 그 대표적인 인물이다. 그는 하나님의 말씀을 굳게 붙잡고 예수 믿는 사람들을 핍박하고 박해했다. 하나님을 사랑해서 그렇게 하는 것이라고 추호의 의심 없이 그렇게 했다.

복음의 핵심, 죄 사함을 받게 하는 회개

"오직 성령이 너희에게 임하시면 너희가 권능을 받고 예루살렘과 온 유대와 사마리아와 땅 끝까지 이르러 내 증인이 되리라 하시니라"(행 1:8).

예수님이 부활하여 승천하시기 전에 하신 말씀이다. 예수님은 제자들에게 예루살렘과 온 유대와 사마리아와 땅 끝까지 무엇을 전하라고 하셨는가? 복음의 핵심은 무엇인가?

마태복음의 지상명령과 매우 유사한 누가복음 말씀이 있다.

"또 이르시되 이같이 그리스도가 고난을 받고 제삼일에 죽은 자 가운데서 살아날 것과 또 그의 이름으로 죄 사함을 받게 하는 회개가 예루살렘에서 시작하여 모든 족속에게 전파될 것이 기록되었으니"(눅 24:46-47).

그의 이름으로 '죄 사함을 받게 하는 회개'가 예루살렘에서 시작하여 모든 족속에게 전파될 것이라고 한다. 즉 우리가 땅 끝까지 전해야 할 복음의 핵심은 '죄 사함을 받게 하는 회개'다.

회개를 모르는 크리스천은 아무도 없다. 그러나 죄 사함을 구하는 회개를 일상에서 실천하는 성도는 그렇게 많지 않다.

우리 힘으로는 죄 문제를 해결할 수 없기 때문에 예수님이 십자가에서 희생제물이 되어 주심으로 우리가 회개하면 용서 받을 수 있게 되었다. 그리고 예수님이 부활하심으로 우리 역시 부활하여 천국에 갈 것을 약속받았다.

'죄 사함을 받게 하는 회개'의 핵심은 예수님이 흘리신 피의 권능으로 회개하면 죄를 용서 받아 구원을 받고 천국에 가며 부활할 수 있다는 것이다. 회개가 없으면 죄사함은 없다는 뜻이다.

그런데 회개에 대한 오해가 있는 것 같다. 회개를 한 번만 하면 우리 죄가 없어진다고 생각하는 것이 그 한 가지이고, 예수를 믿으면 저절로 죄 문제가 해결되어 구원에 이른다는 것이 다른 한 가지이다.

하나님은 거룩하셔서 죄와 결코 함께하실 수 없는 분이다. 하나님은 아담과 함께 에덴동산을 거니셨다. 아담이 범죄하기 전 그곳엔 죄가 없었기 때문이다. 아담이 범죄한 후 에덴동산에서 추방당한 이유는 그곳에서 함께 살 수 없는 존재가 되었기 때문이다.

모세도 시내 산에서 하나님의 등을 잠깐 볼 수 있었을 뿐이다. 그렇게 하나님의 등을 잠깐 보았음에도 그의 얼굴에서 빛이 났다고 성경은 전하고 있다.

그러므로 우리에게 죄가 조금이라도 남아 있으면 하나님과 함께할 수 없다. 단 한 번의 회개로 우리 죄를 해결할 수 없다. 만일 그렇다면 세상에 살면서 온갖 죄를 범하다 죽기 직전에 회개하면 좋을 것이다. 회개는 한 번에 이뤄지지 않는다.

성령 체험을 강하게 한 사람들은 무엇보다 가장 먼저 회개를 한다. 그것은 자신의 의지와 상관없이 강권적인 회개다. 그렇게 회개한 자리에 성령이 임하면 방언과 같은 은사가 임한다. 성령을 강하게 체험하면 성령의 인도함을 받아 마음이 너무나 평안하고 세상의 모든 것이 하나님을 찬양하는 것처럼 느껴진다.

그런데 이 평안과 기쁨이 오래가지 못한다. 왜 그런가? 일상의 삶에서 죄를 짓기 때문이다. 계속 죄를 지으므로 성령이 소멸되기 때문이다.

우리 안에 죄가 쌓이면 성령의 말씀을 듣지 못한다. 성령님은 항상 우리에게 말씀하시지만 죄로 인해 귀가 어두워진 우리는 그 말씀을 듣지 못하는 것이다. 회개하지 않으면 죄가 점점 쌓이게 되어 우리 안에서 성령님이 활동할 수 있는 공간이 점점 줄어들게 된다. 그래서 성령님은 말할 수 없는 탄식으로 기도할 수밖에 없는지도 모른다.

회개해야 성령이 역사할 공간이 생긴다. 본질상 진노의 자녀인 우리는 순간순간 죄를 지을 수밖에 없는 존재다. 그러므로 늘 회개해야 하는 것이다. 우리 영을 어둡지 않게 하려면 지은 죄들을 지속적으로 회개해야 한다. 회개를 통해 지은 죄들을 영 속에서 제거해야만 성령이 나를 주관하실 수 있다.

과거 부흥회가 열리면 성령의 역사가 강하게 일어났다. 부흥회의 메시지는 대개 회개였다. 회개의 자리에 성령이 임하시므로 은사가 나타난 것이다. 그래서 여기저기서 방언이 터지고 예언이 이뤄지는 등 많은 역사가 일어났다. 중고등부 수련회에서도 성령의 역사가 강하게 임했다. 그런데 요즘은 이런 현상을 좀처럼 보기 어렵다. 성령의 힘이 약해졌을까? 아니다. 부흥회가 사경회로 바뀌면서 회개가 사라졌기 때문이다. 학생 수련회에도 회개가 사라지고 인간적인 놀이와 게임이 난무하다.

요즘 성도들은 죄나 심판, 회개에 대해 설교하면 싫어한다. 마음이 부요하고 교만하여 회개의 자리에 나가지 못하는 것이다. 당연히 성령이 역사할 공간이 생기지 않는다.

설교에서 사라진 주제들

요즘 교회에서 회개와 함께 사라진 것들이 몇 가지 있다. 죄인, 지옥이란 단어가 사라졌고, 심판이란 단어를 듣기 어렵다. 하나님의 대표적인 속성 두 가지가 있다면 바로 사랑과 공의다.

하나님의 사랑은, 우리를 구원하시기 위해 독생자 예수를 십자가에 내어 놓으신 데서 절정을 이뤘다. 공의의 하나님은, 죄는 심판하고 잘한 것은 보상하는 정의로운 하나님을 의미한다. 초림의 예수님은 사랑의 하나님이었지만, 재림의 예수님은 심판의 하나님, 즉 공의의 하나님으로 오신다.

예수님은 공생애를 시작할 때 가장 먼저 '회개하라. 천국이 가까이 왔다'는 말씀을 하셨다. 회개는 예수님의 첫 번째 말씀이자 마지막을 장식한 말씀이었다(눅 24:47).

마태복음의 지상명령에서 세례가 곧 회개다. 세례는 죄 사함의 회개를 믿는 자에게 베푸는 의식이다. 누가복음 24장 47절에 따르면 우리가 전파해야 할 복음은 죄 사함을 받게 하는 회개다.

우리는 순간순간 죄를 지을 수밖에 없다. 따라서 말씀에 비추어 말씀을 지켜 행하지 못하는 것들에 대해 회개하고 말씀대로 살 수 있도록 성령의 도우심을 구하는 것이 바로 신앙생활이다. 말씀을 읽고, 읽은 내용을 따라 순종하며 살고 있는가를 조명 받아야 하고, 조명된 것에 따라 지키지 못한 것이 있다면 예수 그리스도의 피에 의지하여 용서를 구해야 한다.

예수님이 산상수훈을 통해 말씀하신 팔복에는 과연 그것이 복인가 싶은 것이 참 많다. 심령이 가난한 것이 복이고, 애통하는 것이 복이고, 의를 위해 핍박 받는 것이 복이라니, 우리가 생각하는 복의 개념과 많이 다르다. 젖먹이 신앙일 때는 이것을 이해하기가 참 어렵다. 하지만 믿음이 장성한 분량에 이르면, 이것이 정말 복임을 이해하게 된다.

어떻게 하면 심령이 가난한 상태가 되고 마음이 청결한 상태가 되고 애통하는 상태가 되는가? 회개해야 자신이 죄인임을 깨달아 심령이 가난해질 수 있고, 회개해야 마음이 청결해질 수 있고, 회개해야 긍휼히 여길 수 있고, 회개해야 애통할 수 있고, 회개해야 온유해질 수 있다. 세상은 자신과 다른 사람들을 좋아하지 않으므로 팔복의 마음을 가진 자들을 핍박하게 된다. 그래서 의를 위해 핍박받으므로 의에 주리고 목마른 자가 된다.

말씀이 머리에만 있는 신바리새인

좋은 직장에 다니고 돈을 많이 벌고 편하게 살고 자녀가 좋은 대학에 가고 사람들한테 인정받는 것이 복이 아니라 심령이 가난하고, 애통하고, 청결하고, 의에 주리고 목마른 자가 되고, 온유하고 긍휼히 여기고 화평하게 하는 자가 복이 있다고 주님은 말씀하신다. 그런 상태가 되려면 성경 한 말씀, 한 말씀을 붙들고 회개하면서 나아가야 한다.

말씀을 붙들고 기도한다는 것은 "주님의 말씀대로 심령이 가난해질 수 있게 도와주세요, 애통하는 자가 될 수 있게 도와주세요, 제가 주님의 말씀대로 의에 주리고 목마른 자가 될 수 있게 도와주세요" 하고 기도하는 것이다. 회개를 통해서 우리는 우리 자신이 얼마나 큰 죄인인지를 깨닫게 되고, 그래서 주님이 아니면 구원 받을 수 없는 존재임을 알게 되고, 성령의 도우심을 구하게 된다.

사탄은 우리가 성경을 읽어도 내버려 둔다. 우리가 기도를 해도 내버려 둔다. 찬양을 해도 내버려 둔다. 예배를 드려도 내버려 둔다. 교회 봉사를 해도 내버려 둔다. 하지만 회개할 때 가만있지 못한다. 사탄이 가장 싫어하는 것이 회개인 것이다.

사탄이 틈타는 자리가 죄의 자리다. 반면에 사탄이 떠나야 하는 자리가 회개의 자리다. 우리의 회개를 사탄이 싫어하는 이유는 바로 자신이 떠나야 하기 때문이다.

내가 기도하는 중에 주님이 주신 키워드가 있는데, 바로 '복수당하는 부모들'과 '신바리새인'이다. 예수님이 이 땅에 계실 때 성경을 가장 많이 알고 있고, 성경대로 살려고 가장 노력하고, 종교생활에 가장 열심이던 사람들이 바리새인과 서기관들이었다. 그런데 그런 바리새인을 향해 예수님은 '독사의 자식들'이라고 말씀하셨다. 예수님이 그들을 비난한 가장 큰 이유는 그들이 외식했기 때문이다. 하나님의 말씀을 깨달아 알고 지키는 이유는 하나님의 사랑과 공의를 드러내기 위함이다. 그런데 바리새인의 외식은 하나님의 사랑과 공의를 오히려 가리고 모욕했다. 형식만 있고 마음의 중심이 없으며 하나님의 계명보다 사람의 계명을 더 우선시하는 그들의 종교행위를 예수님은 비난한 것이다.

바리새인은 어느 누구보다 성경에 통달한 사람들이다. 그런데 그들은 정작 성경이 수도 없이 예언한 메시아가 눈앞에 있는데도 알아보지 못했다. 아니 오히려 메시아를 대적했다.

나는 감사하다. 예수님이 오셨을 당시에 유대인이 아니어서 너무나 감사하다. 만일 당시에 내가 이스라엘 땅에서 유대인으로 살았다면 나 역시 예수님을 알아보지 못했을 것이다. 분명히 예수님을 십자가에 못 박으라고 소리치는 무리 중 하나였을 것이다.

기도 중에 '신바리새인'이란 말을 듣자마자 나는 전율하듯이 그 말이 이해되었다. 오늘날 한국교회든 성도든 말씀이 머리에만 있고 삶으로 나타나지 않는다. 하나님의 사랑과 공의가 나타나지 않는다. 한국교회, 한국 목회자, 한국 성도를 대변하는 한마디가 있다면 바로 '신바리새인'이지 않은가.

바리새인들이 가장 잘못한 것이 하나님 말씀을 사람의 계명으로 바꾸어 사람들로 하여금 지키게 했다는 것이다. 하나님이 주신 말씀의 뜻을 분별하여 지킨 것이 아니라, 한 글자 한 글자에 집착하고 자기 멋대로 해석하여 시시콜콜 지키게 함으로써 사람들의 짐을 무겁게 했다는 것이다.

안식일을 예로 들면 이렇다. 하나님은 안식일에 일하지 말라고 명령하셨다. 안식일의 진정한 의미는 생명을 위해 쉼을 제공하고 생명을 주신 하나님께 감사하라는 것이다. 그런데 바리새인들은 안식일에 일하지 말라는 계명을 지키기 위해 성경에도 없는 세세한 규정을 두어 지키도록 했다. 예를 들어, 900미터 이상을 걸으면 일이므로 그 이상 걷지 말라는 식이다. 그러고는 사람들이 이 규정을 어기면 죄악시하고 두려워하도록 했다.

예수님은 그래서 안식일에 바리새인이 있는 자리에서 더 적극적으로 병자를 고치셨다. 손이 마른 자, 맹인, 중풍병자를 고치셨다. 바리새인들은 이 때문에 계속해서 예수님을 비난했고 나중에는 적대시했다.

손을 씻는 것도 마찬가지다. 성경에는 음식을 먹기 전에 반드시 손을 씻으라는 말씀이 없다. 바리새인들은 손을 씻는 것을 정결의 식으로 규정해서 사람들이 이것을 지키는지 안 지키는지 감시했다.

2천 년 역사를 가진 기독교에도 나름의 전통과 교리가 생겼다. 때로 이 전통과 교리가 말씀보다 더 우선시되는 경우도 있다. 바로 신바리새인인 것이다. 특히 목회자가 설교를 하면서 목사 개인의 생각을 성경 말씀보다 우선시하고, 자신의 주장을 강조하고 관철시키기 위해 하나님 말씀을 이용한다면, 그것이 신바리새인이다. 예를 들어, 교회 건축을 밀어붙이기 위해 성경 말씀을 인용하거나, 솔로몬의 일천 번제를 일천 번의 헌금으로 해석하거나, 자신의 명예나 욕심을 위해 하나님을 이용하는 경우다.

하브루타를 기독교적으로 활용할 때는, 그것을 타산지석으로 삼아 하브루타가 담고 있는 기독교적인 메시지를 찾아야 한다. 하브루타를 통해 우리가 제일 먼저 해야 할 일은, 말씀에 비추어 내가 순종하지 못하고 지키지 못한 것이 무엇인지를 찾고, 그것에 대해 서로 나누고 회개하며, 삶에서 구체적으로 실천할 수 있는 방법을 찾는 것이다. 그리하여 말씀을 분별하여 지키고 행하는 데까지 나아가는 것이다.

04

교회 하브루타, 이렇게 적용하라

목회자부터 하브루타를

한국 문화가 질문을 하지 않고 일방 통행의 문화이다 보니 하브루타를 교회에 정착시키는 일이 결코 쉽지 않다. 무엇보다 목회자부터 잘되지 않는다. 성도들이 질문하면 따지는 것 같고 권위에 도전하는 것처럼 들린다. 따라서 누구보다 목회자가 하브루타가 하나님의 방법임을 분명하게 인식하고 이를 하나님의 명령으로 받아들여 하브루타가 몸에 배도록 실천해야 한다. 하브루타의 위력을 알게 되면 탄력이 붙어서 곧 자연스러워진다.

목회자가 많은 교회라면, 담임목사를 중심으로 부목사 등이 모여 성경 본문을 가지고 하브루타를 진행하면 좋을 것이다. 그런 다음 부목사와 교회교육 담당 목회자가 소속 교사들이나 중직자들과 함께 하브루타를 진행하는 식으로 범위를 넓혀 가면 좋을 것이다. 목회자가 몇 명 안 되는 작은 교회라면 몇몇 교회의 목회자가 모여 성경 본문을 가지고 토론하는 하브루타를 진행하고 서서히 교회에 접목하면 좋을 것이다.

목회자들끼리 하브루타가 이뤄지고 목회자와 교사들이 하브루타가 되면, 이제 교사와 학생들 간에 하브루타를 시작한다. 교회학교에 하브루타가 정착되면 아이들은 가정에 가서도 성경 말씀을 가지고 부모와 토론하려 들 것이다. 부모가 자녀의 질문과 토론에 호응하면 가정에서도 하브루타가 이뤄지게 된다.

하나님은 교인의 숫자가 많은 것으로 기뻐하시지 않는다. 한 사람이라도 하나님의 말씀을 붙잡고 고민하고 뜻을 분별하며 하나님의 영광을 위해 살아갈 때 하나님은 기뻐하신다. 시대가 흉포했던 엘리야 때에도 하나님은 기도하는 사람 7천 명을 준비시키셨다. 지금도 하나님은 말씀에 집중하여 하나님의 뜻을 묻는 사람들을 찾으신다. 그런 한 사람을 만드는 것, 그것이 교회교육이 할 일이고 목회자와 교사가 해야 할 의무다.

하브루타를 예배에도 적용할 수 있다. 오후예배나 저녁예배 때 성도들끼리 짝을 지어 정해진 성경 본문을 가지고 토론하고 논쟁하는 것이다. 성경 본문은 교회 상황에 따라 오전예배에서 선포된 말씀으로 해도 되고, 다음 주의 설교 본문을 가지고 해도 좋다. 또는 창세기부터 차근차근 해 나가는 방법도 있다. 질문은 성도들이 직접 만들어서 하는 것이 가장 좋다. 하지만 처음에는 어려움이 있을 것이므로 목회자가 여러 개의 질문을 만들어 그중에서 취사선택해서 하브루타를 하도록 한다. 실제로 많은 교회가 오전예배는 전통적인 방법으로 드리고 오후예배는 하브루타로 말씀을 나누고 있다.

대전 새김교회의 경우 토요일에 성경학교와 주일에 주일학교, 그리고 평일에 가정교회의 3단 구성으로 시스템을 체계화했다. 먼저 부모를 교육하여 가정 하브루타가 이뤄지도록 하고, 주일학교에서는 1주 암송, 2주 내용 분석 하브루타, 3주 적용 하브루타, 4주 모든 공동체가 말씀 적용 실천하기로 구조화해서 하브루타를 실천하고 있다. 설교도 말씀 선포만 하는 것이 아니라 설교 후에 질문을 만들어 토론을 하고 있다.

광주 하브루타선교회의 경우, 여러 차례 하브루타 세미나를 열어 서원교회, 복지교회, 영락교회 등이 오후예배 때 성경 하브루타를 실천하도록 돕고 있다. 이들 교회는 하브루타를 실천한 뒤로 교인들 간에 대화와 나눔이 활발한 분위기로 바뀌고 있다고 한다.

이렇게 하브루타가 교회와 가정 전반에 정착이 되면, 설교 시간에도 둘씩 짝을 지어 하브루타를 할 수 있다. 성도들이 하나님 말씀을 가지고 생각하고 말하고 토론하고 논쟁한다면, 이것이야말로 말씀이 흥왕한 상태라고 할 수 있다.

교회교육의 경우 학생들이 부모를 위해 다녀 주는 교회에서 자기 신앙을 가지고 다니는 교회로 바뀌면 된다. 그것만 되면 아이들은 스스로 말씀을 가지고 깊이 고민하고 뜻을 헤아리게 된다. 신앙이 자라게 되는 것이다.

교회교육이 살아나려면 관계가 살아나야 한다. 학생과 학생의 관계, 교사와 학생의 관계, 목회자와 학생의 관계가 친밀하고 건강해야 한다.

대형 교회의 경우 성도가 담임목사의 얼굴을 보기도 어렵다. 당연히 목회자와 관계 맺기가 어렵다. 교회학교도 사정은 마찬가지여서 교회교육을 책임지는 목회자가 자주 바뀌는 바람에 관계 맺기가 쉽지 않다. 이때는 학생과 학생 간의 관계, 학생과 교사 간의 관계가 무엇보다 중요하다.

그런데 관계 맺기란 무엇일까? 그저 얼굴을 아는 수준으로는 관계를 맺었다고 말하지 않는다. 얼굴을 알 뿐 아니라 그의 생각과 사정, 고민을 아는 수준까지 가야 관계 맺었다고 할 수 있다. 상대방을 알려면 함께 시간을 갖고 대화를 해야 한다. 교회교육은 설교보다 공과가 살아나야 한다. 그 공과 시간을 통해 학생과 학생 간의 관계, 학생과 교사 간의 관계가 풍성해지기 때문이다.

문제는 공과 시간이 또 다른 설교 시간이라면 의미가 없다는 것이다. 일방적인 가르침이 아니라 말씀을 가지고 학생들과 소통하는 시간이어야 공과 시간이 의미 있다. 학생들이 성경 말씀을 가지고 스스로 생각하고 판단하고 결정하도록 이끄는 시간이어야 한다. 그래야 삶에서 말씀을 실천할 수 있다. 그러려면 공과 시간에 학생들이 스스로 생각하고 토론하고 수다를 떨어야 한다. 스스로 말씀을 붙들고 고민해야 신앙이 자라고 교회에 나와 예배드리는 자가 될 수 있다.

그렇게 하기 위한 한 가지 방법은, 공과를 설교 앞에 배치하는 것이다. 최소한 30분가량을 공과 시간으로 주고, 설교 시간은 공과 시간에 한 이야기를 확인하고 요약하는 정도로 끝내는 것이다.

광주 예향교회의 경우, 토요일 오전 10시부터 12시까지 학생들이 성경 하브루타 모임을 가지고 있다. 이 교회가 하브루타를 하게 된 것은, 교회학교의 현실을 개탄하고 고민한 한 집사님에 의해서였다. 집사님은 아이들이 아무 생각 없이 교회에 나와 앉아 있다가 시간이 되면 집에 돌아가는 모습을 보고 이대로는 안 된다는 생각으로 대안을 찾았다. 우연히 하브루타를 접한 뒤 12주 세미나에 참석하고 나서 하브루타가 교회교육의 대안임을 확신했다. 이후 먼저 교사들과 하브루타를 한 뒤 차츰 주일학교에 적용하기 시작해 오늘에 이르고 있다.

광주 예향교회는 토요일이면 유치부와 초등부 학생들이 모여 함께 찬양으로 예배를 시작한다. 간단한 게임이나 공동체 놀이를 통해 몸 풀기와 마음 풀기를 하고 나면, 교사 한 분이 나와 그날 하게 될 성경 하브루타의 본문을 암송한다. 그리고 화면에 말씀이 띄워지면 아이들은 보면서 5번 읽고 보지 않고 3번 암송하면서 말씀을 마음에 새긴다. 처음에는 잘 따라 하지 않던 아이들이 차츰 목소리를 크게 내어 말씀 전체를 외우게 된다.

말씀 새김이 끝나면 유치부, 초등 1학년, 초등 2-3학년, 초등 4-6학년의 4개 모둠으로 나뉘어 하브루타를 진행한다. 각 모둠에는 전체 진행을 이끄는 교사와 아이들 사이에 앉아서 도와주는 보조 교사가 있다. 유치부와 초등 1학년은 글을 잘 모르기 때문에 다시 한 번 암송을 하게 한 뒤 암송한 말씀을 찾아서 이어붙이기를 한다. 그런 다음 말씀의 한 문장 한 문장마다 그림을 그리게 한다. 그림이 완성되면 교사는 말씀 내용을 파악할 수 있는 내용질문과 말씀에 따른 상상질문, 일주일 동안 실천할 수 있는 적용질문을 하여 아이들이 다양한 답을 하도록 한다.

초등 2-3학년들은 각자 궁금한 것을 내용질문, 상상질문으로 만든다. 상상질문을 만들 때는 교사가 옆에서 여러 질문을 통해 유도해 준다. 말씀을 좀 더 깊이 보는 관찰력을 길러 주는 미술 하브루타를 하기도 한다. 2분 동안 암송한 말씀에 따른 그림을 아무 말 없이 자세히 보게 한다. 무엇이 그려져 있는지, 어떤 모양과 색깔이 있는지, 언제가 배경인 것 같은지 등을 살핀다. 그런 후 짝꿍에게 자기가 관찰한 그림에 대해 5가지 정도를 말하게 한다.

깊이 보기에서는 작가의 마음과 생각을 살피고, 이 그림을 보는 자신의 마음과 생각을 살핀다. 자세히 보고, 오래 보고 있으면 궁금한 게 생기게 되는데 그때 질문을 만들어 보게 한다. 교사의 쉬우르(전체 정리)를 통해 말씀 전체를 정리한 후 하나님의 마음과 뜻과 계획하심에 대해 각자 적용할 수 있도록 해준다.

마지막으로 4-6학년은 자신이 만든 질문 10가지를 가지고 짝과 함께 대화하고 토론한다. 궁금한 것은 스마트폰으로 찾아보기도 하고, 선생님에게 물어보기도 하면서 말씀에 대한 깊이 있는 접근을 하게 된다.

한 공간에서 모둠으로 나누어 하브루타를 하는데, 아이들은 시끄러워도 자기 모둠에만 집중한다. 한편, 교사들은 끊임없이 배우면서 자신들이 먼저 하브루타를 해본다. 그래야 아이들의 질문에 당황하지 않고 더 풍성하게 이끌어 갈 수 있기 때문이다.

이처럼 주님의 나라와 영혼들을 위한 작은 씨앗이 마음에 심겨진 한 명의 교사로 인해 한 교회의 주일학교가 살아나고 있다.

인천 한결교회의 경우, 청소년 대상인 '다음세대예배'에 하브루타를 적용하고 있다. 한 달 동안 한 본문만 가지고 깊이 있게 하브루타를 하는데, 첫 주는 퀴즈 형식의 내용질문으로 본문을 파악하게 한다. 또 짝을 지어 서로 문제를 내고 맞힌다. 둘째 주와 셋째 주에는 '왜, 만일'을 이용한 심화질문을 만든다. 짝을 지어 10개의 질문을 만든 뒤 다른 팀에서 그중 3개 질문을 뽑도록 한다. 그렇게 결러진 질문들 중에서 다시 좋은 질문을 칠판에 적고, 그것을 가지고 둘씩 짝을 지어 하브루타를 하게 한다. 넷째 주에는 본문을 통해 하나님께서 우리에게 말씀하시고자 하는 것이 무엇인지를 가지고 하브루타를 한다. 그런 다음 1분 스피치 시간을 주어 발표하게 한다.

하브루타를 하면 수동적으로 듣기만 하던 아이들이 예배에 적극적으로 참여하게 된다. 그리고 자기 생각을 말로 표현하고 남의 생각을 들음으로써 친구 간에 관계가 좋아진다. 그러나 무엇보다 하브루타를 함으로써 가장 좋은 점은 아이들의 신앙이 자란다는 것이다. 말씀이 책에 쓰인 활자가 아니라 삶으로 실천해야 할 하나님의 명령임을 알고 실천을 위해 노력하면서 신앙이 자라는 것이다.

가정 하브루타

가정 하브루타가 이뤄지려면 먼저 부모 교육을 집중적으로 해야 한다. 또한 실전으로 경험하게 해야 한다. 매주 토요일 부모와 자녀가 교회에 모여 하브루타를 정기적으로 하는 교회도 있지만, 수년 동안 계속 지속하기는 결코 쉽지 않다.

그러므로 가장 좋은 방법은 8주에서 12주가량 교회에서 먼저 하브루타를 훈련시킨 다음 가정에 돌아가 실천할 수 있도록 하는 것이다. 훈련은 하브루타가 무엇인지, 왜 하브루타가 하나님의 방법인지, 어떻게 하브루타를 하는지를 교육하고, 하브루타를 직접 체험해 보게 한다. 그런 다음 각 가정에서 정기적으로 실천할 수 있도록 교회가 매뉴얼과 본문, 질문 등을 제공한다.

인천 하나비전교회의 경우, 교회에서 하브루타 가정주일예배를 드린다. 가족끼리 한 테이블에 모인 후 예배 순서에 따라 가족끼리 서로 축복하고 감사와 축복의 찬양을 하며 서로 성경에 대해 질문, 대화, 토론을 한다. 또 1박 2일로 가족힐링캠프를 열어 여러 가지 프로그램으로 가족끼리 친목도를 높이고 성경으로 하브루타를 하는 실습을 한다.

가정 하브루타는 유대인의 안식일 식탁을 모델로 삼는 것이 가장 좋다. 일주일 중에 하루를 가족의 날로 정하고, 그날은 가능하면 스마트폰이나 인터넷, 텔레비전을 보지 않기로 약속한다. 이때 가족회의를 통해 가족 간에 충분히 의견을 나누고 결정해야 한다. 모임의 시기, 시간, 장소, 절차 등 모든 문제에 가족 모두가 동의할 때까지 의논해야 한다. 그런 다음 하브루타 당일에는 맛있게 먹고, 성경 본문을 가지고 하브루타를 하고, 가족끼리 일상 하브루타를 하는 식으로 진행한다. 자세한 내용은《자녀교육 혁명 하브루타》를 참고하라.

PART 2

교회에 적용하는 말씀 토론 하브루타

05

우리 교회를 살린 하브루타

교회, 미래를 준비하라

나는(이익열 목사) 특별히 내세울 것 없는 개척교회 목사다. 선교와 새로운 교회학교를 꿈꾸며 시작했지만 어느덧 개척한 지 7년이 넘었다. 많은 개척교회 목사님들이 그러하듯 전도에 목마르지만 현실은 녹록치 않다. 생계형 교회의 고단함을 우리도 피할 수는 없었다.

내가 교회 형편을 얘기하는 것은, '그렇게 어려웠는데 이렇게 달라졌다' 같은 역전 드라마를 말하려 함이 아니다. 결론적으로 말하자면 하브루타는 맨바닥에서도 할 수 있다는 것을 말하고 싶은 것이다. 환경이 뒷받침되어야만 할 수 있는 것이 아니면서도 반드시 열매를 거두게 된다는 말을 하고 싶은 것이다.

하브루타는 하나님의 명령이다. 유대인은 그 명령을 지금까지 지켜 왔으나 우리는 다만 몰라서 외면하고 있었을 뿐이다.

많은 부흥 프로그램은 훈련된 사람과 악기, 조명시설 등이 갖춰져야 한다. 즉 재정이 든다. 별도의 교육관이 필요하기도 하다. 하지만 매월 공과금을 걱정해야 하는 교회로서는 그런 것들은 엄두도 못 낸다. 그러나 하브루타는 그 모든 것이 필요 없다. 볼펜과 종이 그리고 하나님의 방법임을 받아들이고 실천하고자 하는 확고한 의지와 열정만 있으면 충분하다.

성도가 한 명이어도 가능하고 천 명이어도 가능하다. 목사님도 가능하고 사모님도 가능하고 성도들도 가능하다. 소수의 인원이 정기적으로 모여 이야기꽃을 피우는 것으로 시작할 수 있다. 대화를 나누는 중에 자연스럽게 신앙과 성경을 이야기하면 하브루타가 시작되는 것이다.

> "이러므로 우리가 하나님께 끊임없이 감사함은 너희가 우리에게 들은 바 하나님의 말씀을 받을 때에 사람의 말로 받지 아니하고 하나님의 말씀으로 받음이니 진실로 그러하도다 이 말씀이 또한 너희 믿는 자 가운데에서 역사하느니라"(살전 2:13).

내가 하브루타를 하게 된 이유는 말씀의 능력을 보고 싶어서였다. 좀 더 구체적으로 말하면, 말씀이 한 영혼에 제대로 새겨질 때 그 말씀이 어떻게 주의 백성을 인도하는지, 또 말씀이 세상을 어떻게 이기게 하는지를 보고 싶었다. 능력이 생기고 지위가 높아지고 부유해지는 부흥이 아니라 말씀이 사람을 변화시키는 부흥을 보고 싶었다. 그래서 먼저 나부터 하브루타를 실천하기 시작했다.

교육은 현재가 아니라 미래를 준비하기 위한 것이다. 그렇기에 교육은 미래지향적이어야 한다. 미래의 변화에 주목하지 않는다면 교육에 희망이 없다.

처음 이 땅에 기독교가 들어왔을 때 복음과 더불어 개화 교육이 교회를 통해 전파됐다. 그 힘이 한국을 발전시켰고 결국 교회 부흥에 바탕이 되었다. 교회는 교육, 문화 등 여러 방면에서 나라를 이끄는 중심이었고 발전과 부흥의 동력이었다. 하지만 오늘날 교회는 그 같은 역할과 위상을 잃어버렸다. 교회의 정책과 프로그램이 양적 부흥에 쏠리면서 미래를 준비하지 못한 까닭이다. 과거 교회는 선봉에서 사회를 이끌었으나 이제는 사회 변화의 속도를 따라잡기도 힘들 만큼 현저히 뒤처졌다. 미래를 준비하지 못한 대가가 하나 둘 정체를 드러내고 있는 것이다.

사회 변화에 발 맞춰 교회 내에 여러 프로그램이 가동되고 있다. 그러나 세상을 모방한 흥미 위주의 프로그램이 대다수다. 그러한 프로그램으로는 교회가 교회다워질 수 없다. 지친 현대인에게 아무런 위로와 쉼을 줄 수 없다.

이단은 지친 현대인의 심리를 교묘히 이용해 마치 물질적 풍요와 신분상승이 복음의 축복인 양 유혹한다. 그들이 말하는 상급과 복은 하나님 나라의 것이 아니라 이 땅의 것들로 가득하다. 말로는 그렇지 않다고 하지만 실상은 돈이 하나님이고 축복이다. 돈과 출세를 복으로 여기니 144,000명에 속해 왕 같은 제사장이 되면 세상 사람들이 돈 싸들고 자기 밑으로 온다는 소리에 깜박 속아 넘어가는 것이다.

이제 제대로 묻고 제대로 대답해 보자.

교회교육은 세상을 닮았는가, 성경을 닮았는가?

교회교육의 목표는 세상의 것인가, 하나님의 것인가?

만일 교회교육이 세상을 닮았다면 당장 멈춰야 한다. 비록 성경을 가르친다 해도 그것의 목적이 땅의 것이라면 당장 돌아서야 한다. 결코 세상의 것과 하나님의 것은 하나될 수 없다.

오늘날 교육의 목적은 입시이고 취업이 전부다. 출세 교육, 성공교육에 점령당한 것이다. 믿는 사람들도 믿지 않는 사람들도 모두 주입식 교육의 폐단에 대해 공감하지만 멈추려 하지 않는다. 입시교육에 허덕이면서도 불안 때문에 내려놓지 못한다. 썩은 동아줄을 오히려 더 힘껏 붙잡고 있다.

미래 사회 인재는 창의적이고 인성이 훌륭한 사람이다. 입시에 120퍼센트 에너지를 소진하고 취직 말고는 아무것도 하지 않으려 한다면 미래는 없다. 사회는 지식을 유연하게 활용할 줄 아는 지혜로운 사람을 찾는다. 주어진 틀에서만 일할 줄 아는 사람보다 도전해서 틀을 깨는 사람, 나 혼자 잘하는 사람보다 협력하고 포용할 줄 아는 사람을 원한다.

지혜, 도전, 협력, 포용… 성경이 강조하는 인성 아닌가? 그러므로 지금이 교회가 변화해야 하는 골든타임이다. 변화하는 시대의 흐름을 볼 줄 알면 교회가 세상을 이끌 것이다.

나는 교회교육이 미래 사회가 요구하는 인재를 만드는 장이었으면 좋겠다. 그래서 그런 교육을 받고 자란 우리 아이들이 일자리를 창출하는 리더가 되었으면 좋겠다. 창업주가 되고 전문가가 되어 많은 사람의 귀감이 되었으면 좋겠다. 더 나아가 세상에 대안을 제시하고 모범적으로 대안이 되는 인재가 되었으면 좋겠다. 우리 사회를 더불어 살 만한 따뜻한 세상으로 만드는 인재가 되었으면 좋겠다.

교회는 성경적 가치관과 세계관을 심어 주는 곳이다. 크리스천에게는 그런 책임이 있다. 크리스천이 있는 곳이 하나님 나라의 그림자가 되어야 한다. 크리스천 인재에게서 예수 그리스도의 데자뷔를 보아야 한다.

그런데 오늘날 교회에서 이 같은 희망을 찾을 수 있을까?

미래학자 최윤식 박사는 2050년이 되면 한국교회는 70세 이상의 고령화 교회가 될 것이라고 예측한다. 이것은 2016년 현재 36세 이하의 사람들은 더 이상 교회에 나오지 않는다는 얘기가 된다. 나는 이것이 36세 이하의 사람들이 올 수 있는 교회를 세우라는 강력한 요청으로 들린다. 현재 교회에 출석하는 학생들을 보면, 부모의 강압에 못 이겨 겨우 예배드려 주는 것 같다. 시험 때는 물론이고 고3이 되면 교회에 나오지 않는다. 청년부는 물론이고 주일학교조차 없는 교회가 늘어나고 있다. 고령화 교회에 대한 염려가 그냥 나온 것이 아니다.

무엇이 잘못된 걸까? 누구의 책임일까?

목사든 장로든 성도든 이 같은 교회 위기에 동조하고 문제를 비판하지만 정작 자신은 한 치도 변화할 의지가 없는 자들의 책임이다.

미래를 위한 변화는 더 이상 선택이 아니다. 교회는 다시 말씀운동, 교육운동을 벌여야 한다. 설교하고 가르쳤다고 해서 안심해서는 안 된다. 설교를 듣고 무슨 생각을 했는지, 어떻게 이해했는지 확인하고 살펴야 한다.

성경에는 하나님 백성이 되는 길만 있는 것이 아니다. 세상을 이기는 길도 있고, 그리스도인으로서의 정체성이 무엇인지도 있고, 미래 사회를 선도하는 인재로 성장할 수 있는 방안도 있다. 바로 하브루타다. 길이 없어서가 아니라 관심이 없어서 가지 않는다면 이보다 한심한 일도 없다.

진리를 가진 교회가 세상을 이끌기 위해 먼저 체질 개선을 해야 한다. 교회만이 세상을 제대로 이끌 수 있다.

말씀의 손맛을 보게 하라

불확실의 어둠이 깊어지는 시대일수록 종교 장사꾼이 판을 친다. 예수님 시대에도 그랬고 종교개혁 시대에도 그랬다. 종교 장사꾼은 신비주의와 종교 공식을 무기 삼아 성도들을 현혹한다. 그렇지 않아도 불안하고 복잡한 사람들에게 "A를 드리면 B의 축복이 나옵니다", "C를 하면 D의 문제가 사라집니다" 같은 공식은 매혹적이기에 충분하다. 종교는 하나님께 거래를 하게 하지만 성경은 하나님을 사랑하게 만든다.

사람들은 십자가를 지는 힘든 길을 가고 싶어 하지 않는다. 쉽게 이해되지 않는 인생의 알고리즘 따위에 마음을 쏟고 싶어 하지 않는다. 복잡하고 힘든 것보다 쉬운 종교 공식에 마음이 끌린다. 예수님 시대의 시시콜콜한 율법이 그랬다. 종교개혁 시대의 면죄부가 그랬다.

오늘날 교회는 성도의 신앙을 출석과 봉사로 평가하려 한다. 성도들도 말씀의 올바른 이해와 실천보다는 백일치성으로 복을 받는데 관심이 많다. 그래서 다니엘 기도, 일천 번제 등 각종 이름이 붙은 기도회가 많다. 그 의도가 나쁘지 않다 해도 말씀의 이해와 실천 없이는 축복을 기대할 수 없다. 그런 각종 종교 행사에 실망하고 지친 성도들이 교회를 떠나고 있다. 예배에 출석했다고 그의 마음도 예배한다고 말할 수 없다. 설교를 들었다고 해서 말씀을 이해한 것은 아니다. 헌금과 봉사의 의도와 목적이 모두 복음적이라고 할 수도 없다.

성경공부는 어떤가? '무엇을 가르칠 것인가'를 목사나 교사가 정한다. 그것을 배우는 사람들의 관심과 호기심은 철저히 배제된다. 더 큰 문제는 가르치고 나서 그들이 어떻게 이해했는지에 대한 피드백이 없다는 것이다. 일방적으로 가르치고 끝난다. 교회는 여전히 듣고 잊어버리는 설교와 성경공부의 한계에서 벗어나지 못하고 있다.

오늘날 사람들은 기독교에 대해 잘 안다고 생각한다. 교회 예배에 출석한 경험도 있고, 없더라도 언론과 매체를 통해 들은 것이 많아서 기독교를 잘 안다고 생각한다. 하지만 실상은 모른다. 심지어 크리스천들도 모른다. 그들이 아는 것은 대부분 교회 문화이지 성경 말씀이 아니다. 교회가 잘못 가르쳤기 때문에 이 지경이 되었다. 내용보다 방식에 더 큰 문제가 있다.

소통과 피드백이 없는 설교나 교육은 이제 그 한계를 분명하게 드러냈다. 하브루타는 하나님이 주신 강력한 도구이며 명령이다.

말씀에 순종하고 실천하지 않고는 깊은 이해로 들어갈 수 없다.

아무리 크게 깨달은 것 같아도 몸으로 실천하면서 배우지 않으면 생명의 능력을 가질 수 없다. 실천 없이 말씀을 읽고 듣는 것은 그저 수박껍데기만 맛보고는 하나님을 안다고, 기독교를 안다고 말하는 것과 같다.

많은 사람들이 지금을 한국교회의 골든타임이라고 말한다. 유럽처럼 고령화가 되지 않을 수 있는 절호의 기회라는 것이다. 지금 바뀌지 않으면 우리는 심각한 위험을 맞닥뜨리게 될 것이다. 위기가 아니라 위험이다. 위기에는 기회라도 있지만 위험에는 기회조차 없다. 골든타임 10년을 낭비했을 때 어떤 결과를 맞게 될지는 유럽 교회를 보면 알 수 있다. 어떤 사람은 10년이 아니라 5년이라고 주장한다. 5년이든 10년이든 우리에게는 더 이상 지체할 시간이 없다. 지금 즉시 교육을 바꾸어야 한다.

하브루타는 새롭게 개발된 방법이 아니다. 이미 성경에서 말씀하신 하나님의 교육법이다. 하브루타 교육법은 한국교회 골든타임의 절대 대안이다.

한번은 아들을 데리고 낚시를 갔다. 아들은 그날 처음으로 낚시하러 가서 손맛을 봤다. 손맛을 알게 된 아들은 이후 낚시하러 간다고 하면 매서운 바닷바람도 개의치 않고 나를 따라나선다. 하지만 아직 손맛을 보지 못한 아내와 딸은 낚시에 관심도 흥미도 없다. 신앙도 마찬가지다. 말씀에서 손맛을 보아야 한다.

말씀이 제대로 마음에 새겨지면 자기 신앙이 되어 말려도 교회에 나오게 되고, 예수님의 제자가 되어 간다.

요한복음 1장 1절은 '말씀이 곧 하나님이시다'라고 선포한다. 예화나 장황한 설명 없이도 말씀을 제대로 대면하면 하나님의 실존을 느낄 수 있다. 말씀이 자신의 삶을 이끄는 것을 경험할 수 있다. 그러기 위해서는 소통이 있는 교육으로 변화되어야 한다. 유대 신앙이 지금까지 견고하게 유지되는 이유는, 질문이 있는 소통을 했기 때문이다.

하브루타는 단순한 깨달음을 넘어 생활과 관계를 변화시킨다. 더 나아가 세상을 변화시킨다.

과거 말씀운동은 어두운 시대를 이기는 힘이었다. 하브루타 말씀운동 역시 우리를 말씀의 반석 위에 서게 할 것이다. 변화하는 미래 시대에 사회를 선도하는 구원의 일꾼이 되게 할 것이다.

하브루타 말씀운동은 지금부터 시작해야 한다. 요셉이 7년의 풍년 기간 동안 곡식 창고를 채웠듯이, 우리도 지금 말씀을 가슴에 새겨야 한다. 또 자녀들의 가슴에 심어 주어야 한다. 청교도들이 메이플라워 호에서 오늘 굶더라도 내일을 위해 씨앗을 비축했듯이 우리도 그렇게 하브루타 말씀운동을 시작해야 한다.

06

조용하지만 강력한 변화를 일으키는 도구 하브루타

진정한 하브루타는 부모의 회개에서 시작한다

"번갯불에 콩 볶아 먹는다"는 말이 있다. 요즘 엄마들이 그렇다. 그들은 유행에 민감하다. 하브루타가 좋다는 말에 교육과정을 이수하기만 하면 아이들이 변할 줄 안다. 이상하게도 엄마들은 5주 과정으로 모집하면 아이가 5주면 바뀔 줄 알고 12주 과정이면 12주면 달라질 거라 생각한다. 그런데 아이들이 교사에게 마음을 열기까지 보통 3개월이 걸린다. 어찌 보면 그것도 빠르다. 요즘 부모들은 아이들의 상태를 몰라도 너무 모른다.

난 요즘 아이들을 '이방인, 외계인'으로 부른다. 청년들의 정서와 문화는 외국에서 온 이방인 같다. 학생들은 아예 저 멀리 안드

로메다에서 온 외계인 같다. 그들은 'ㅎㅎ, ㅋㅋ'를 가지고 밤새 카톡을 하고 잡담과 수다를 떨지만 옆 친구와 대화하고 협력하는 데는 어려움을 느낀다.

무엇이 문제인가?

아이들은 어려서부터 휴대폰, 인터넷, TV 등 혼자 놀기에 익숙하다. 더구나 전자기기는 내 생각이나 의지와 상관없이 화면이 바뀐다. 당연히 골똘히 생각할 필요가 없다. 생각 없이도 즐겁게 시간을 보낼 수 있는 것이다. 상대의 미묘한 감정을 알기 위해 신경 쓸 필요도 없다.

또 동네 아이들과 어울려 골목에서 놀아 본 경험이 별로 없다. 놀면서 부딪쳐서 의견을 조율하고 화해한 경험이 별로 없다. 모니터 앞에서 혼자 놀고 학습지로 혼자 공부하는 것이 익숙하다 보니 아파트 놀이터에 아이들이 사라지고 있다.

생각해 보면, 요즘 아이들은 소통을 해본 경험이 거의 없다. "야, 너 이리와 봐. 이야기 좀 하자." 엄마 아빠에게서 이런 말을 들을 때 아이들은 어떤 느낌일까? 엄마 아빠는 호통과 훈계를 소통이라고 생각하지만 절대 그렇지 않다. 아이들한테 거실은 행복한 대화의 장소가 아니라 혼나는 장소다.

아기 때는 어땠을까? 엄마 아빠가 상냥한 천사의 얼굴을 하고는 있지만 교감이 오가는 소통은 아니었다.

소통의 경험이 거의 없는 아이들이 일주일에 한 번 교회에 와서 이야기한다고 단시간에 달라지지 않는다. 그런 아이들과 장시간 대화하는 것은 생각보다 훨씬 힘든 일이다, 일방적으로 이야기하고 끝내는 공과에서는 접할 수 없었던 난관이다.

자녀가 교회에서 하브루타를 한다지만 가정에서도 부모와 자녀 간에 대화가 이뤄져야 한다. 이것이 중요하다. 많은 부모들이 자신은 변화하려 하지 않고 자녀들만 변화시키려 한다. 뒤집어 말하면 부모는 소통에 관심이 없다. 자녀들과 소통하고자 하는 의지가 없는 것이다. 많은 부모들이 자녀를 하브루타시키는 이유가, 공부에 도움 되길 바라서이거나 사춘기가 되면서 더 이상 통제하기 어려워서이다. 공부는 학교와 학원에 하청 주고 신앙과 인성교육은 교회에 하청 주려는 모습이 아닐 수 없다. 하브루타가 정착하려면 먼저 부모가 체험하고 소통하려는 의지가 있어야 한다.

그렇기에 진정한 하브루타는 부모의 회개에서 시작된다. 어린 자녀와 부모 중 누가 더 마음을 살펴야 할까? 두말할 것도 없이 부모다. 아이와 부모 중 누가 더 성경에 대해 많이 알까? 당연히 부모다. 아이와 부모 중 누가 더 많은 것을 할 수 있을까? 가정에서 누구의 권한이 더 클까? 모두 부모다. 요즘 아이들은 외계인 같다고 말하지만, 그 아이들을 건강하게 키울 책임은 부모에게 있다. 학교도 교회도 아니고 가정이 책임져야 한다.

먼저 아이들이 편안하게 마음을 내어 놓을 수 있는 배경이 되어주지 못한 죄를 회개해야 한다. 평소 성경 이야기를 자연스럽게 꺼

내지 못한 죄를 회개해야 한다. 자녀의 불안한 마음, 힘든 마음은 몰라주고 잘못한다고 큰소리친 것을 회개해야 한다.

하브루타가 일으킨 변화들

사람들은 모두 대화 기술, 공부 기술만 배우려 한다. 기술이 필요 없다는 이야기는 아니다. 그러나 그 전에 진심이 있어야 한다. 진심으로 다가가면 아이들은 반드시 반응한다. 생각한 것보다 훨씬 놀라운 반응이다. 한번 마음을 열면 아이들은 참으로 놀랍게 달라진다.

집에서 아들과 함께 '돌아온 탕자' 이야기로 하브루타할 때였다.

"성경에 나온 이 아버지는 인성이 완전 갑인 것 같아요. 그런데 어떻게 이런 아버지 밑에 이런 아들들이 나올 수 있죠? 뭐가 문제일까요?"

아들이 물었다.

"그러게. 너는 어떻게 생각하니?"

"제 생각에는 하브루타를 안 해서 그런 것 같아요!"

아들의 말에 우리 모두 한바탕 웃은 기억이 있다. 아들의 말이 맞다. 하나님의 마음에 합했던 다윗의 아들들도 패역한 사람이 되었다. 솔로몬도 일천 번제 외에는 딱히 잘한 것이 없다. 사무엘의 두 아들은 어떤가? 한마디로 망나니였다. 모세의 손자는 우상의 제사장이 되었다. 안타깝지만 그들도 자녀와 지속적으로 소통하고 강론하지 않았던 것 같다.

자녀와 하브루타가 되기 시작하면 참으로 많은 하나님의 은혜를 맛보게 된다. 자녀들의 질문은 나로 하여금 말씀을 보다 넓고 깊이 있게 보게 만든다. 다소 엉뚱해 보이는 질문도 오히려 하브루타에서는 많은 것을 얻게 만든다.

"와! 제자들을 가르치려고 예수님은 만 명을 먹이신 걸까요?"

"겨자씨를 들고 나무를 꿈꾸신 거예요?"

"만 명이 앉으려면 얼마나 큰 운동장이 필요할까요?"

"왜 이왕이면 사람들 손에 떡과 물고기를 직접 나타나게 하지 않으셨을까요?"

하브루타는 부모가 먼저 소통하고자 하고 포기하지 않을 때 효과가 크다. 지속하면 지속할수록 가속도가 붙는다.

누가 봐도 사춘기라고 얼굴에 씌어 있는 학생이 있었다. 교사들도 감히 말을 걸지 못했다. 부모의 손에 강제로 끌려오긴 했지만 소극적인 태도로 일관했고 때로 참여를 거부하기도 했다. 그렇게 몇 달이 흘렀지만 얼굴이 조금 편안해진 것 외에는 달라진 게 없었다.

그러던 어느 날, 그 학생이 주일 오전예배에 나오기 시작했다. 누구의 권면 때문이 아니라 스스로 나왔다. 몇 번 나오다 말겠거니 했는데 반년이 지난 지금도 예배를 거의 빠지지 않는다. 교회 동생들도 얼마나 잘 챙기는지 모른다. 정말 기특한 녀석이다.

자신감이 없던 아이들이 당당해지고, 자기밖에 모르던 녀석들이 남을 배려하기 시작한다. 부모와 갈등이 현저히 줄어들고 친구와 관계가 건강해진다. 하브루타는 중2병도 이겼다.

우리 교회의 꿈지락 하브루타는 여름과 겨울에 방학 기간을 갖는다. 방학 기간은 아이들이 자유롭게 참여한다. 어른과 짝이 되어 하브루타를 하기도 하고 가이드를 제공하면 큰 아이들의 주도로 학생들끼리 하브루타를 하기도 한다.

한번은 어른용 하브루타만 준비하고 학생용은 만들지 못한 적이 있었다. 즉흥적으로 A4종이 3장을 길게 붙이고 양쪽에 나무젓가락을 고정시킨 뒤 두루마리 성경 쓰기 체험을 시켰다. 1시간 반가량 장년 하브루타를 주관하고 아이들한테 돌아왔을 때 나는 내 눈을 의심했다. 몇 장 쓰는 흉내를 내다가 자기들끼리 놀겠거니 했는데, 그때까지 모두 진지하게 성경을 필사하고 있었던 것이다. 얼마나 열심히 썼는지 손에 연필 흑연이 까맣게 묻어 있었다. 너무 기특했다.

나는 이제 시간됐으니 그만하라고 했다. 그런데 의외의 대답이 돌아왔다.

"목사님 몇 절만 쓰면 다 써요. 이것 다 쓰고 끝낼게요."

감격해서 눈물이 나올 정도였다. 비온 뒤 새싹이 나오듯 어느 날 갑자기 집중력, 인내력이 쑥 올라온 것이다. 점진적으로 성장하는 아이들도 있지만 대부분은 이렇게 계단식으로 자란다. 안 변한 것 같다가도 어느 날 훌쩍 자란다.

엄마들이 관심을 갖는 학교 성적도 오른다. 방학 때 영어 하브루타 특강을 할 때다. 영어 기초 실력이 없어서 'I am'도 읽지 못하는 아이가 있었다. 그 아이는 한 자리에 오래 앉아 있는 것을 힘들어 해서 공부하는 중에도 가만히 앉아 있지 못하고 서 있거나 의자에 걸터앉곤 했다. 자신감을 잃지 않도록 배려했지만 사실 조금은 막막했다.

마침내 한 달간의 특강이 끝났다. 엄청난 성장을 보인 형에 비해 그 학생은 영어에 흥미를 갖게 된 것으로 만족해야 했다. 한 학기가 지나고 겨울이 되어 영어 특강을 다시 열었다. 그런데 이 아이의 영어 실력이 완전히 달라져 있었다. 지난번 영어 하브루타가 자극이 되어 집중적으로 학원을 다녔나 싶었다.

"너 그동안 학원 다녔니?"

"아니오. 엄마가 초등학교 때는 학원 안 다녀도 된대요."

아이의 얼굴은 해맑았다. 그동안 뭐가 이 아이를 달라지게 했을까, 너무 궁금했다. 지난여름 교과 하브루타를 통해 영어에 흥미를 갖게 된 녀석은 학교 수업 태도가 달라졌고, 선생님의 칭찬을 들었다. 이후 영어 시간을 가장 좋아하게 되었다. 달라진 흥미, 자신감 그리고 커진 집중력이 아이를 변화시킨 것이다. 겨울 방학 하브루타에서 그 학생은 단어의 뜻, 발음, 철자를 시험하는 게임에서 1등을 했다.

하브루타를 지속적으로 하는 아이들은 모두 성적이 올랐다. 그러나 부모들이 학교 성적에 너무 연연하지 않았으면 좋겠다. 아이들의 성적에 관심 갖는 것은 부모의 역할에서 가장 낮은 순위에 해당하는 것들이다. 부모는 아이가 처음 접하는 일, 어려운 일을 할 때 용기를 주고 할 수 있다고 격려하는 역할을 해야 한다고 생각한다. 또 습관이 들 때까지 지속하도록 도와주고 옆에 있어 주어야 한다.

하브루타를 1년간 한 아이들은 설교 듣는 태도가 다르다. 예배 시간에 딴생각하고 낙서하고 놀던 모습도 사라지고 CCM이 아닌 찬송가를 불러도 따라 부른다. 예전 같으면 상상도 못할 일이다.

장년의 변화도 놀랍다. 대부분 일주일 내내 말씀이 생각난다고 한다. 자녀와 성도들 앞에서 약속한 것이라 실천에 힘쓰게 된다고 한다. 성경을 주관적으로 해석하지 않고 말씀의 참 메시지에 관심을 갖는다. 교회 분위기도 밝고 편안해진다. 부부관계도 좋아진다.

누림교회는 이제 하브루타의 출발점에 있다. 하브루타는 특성상 몇 개월 특별 과정을 통해 성경을 다 가르칠 수 없다. 충분히 이야기하고 토론해야 하기 때문이다. 하브루타는 과정을 마쳐야 받는 수료증 같은 것이 아니다. 과정을 마쳐야 효과가 있는 것도 아니다. 말씀을 가지고 서로 질문하고 이야기하는 과정에서 강력한 하나님의 은혜를 경험하게 된다.

하브루타는 결론을 내려야 뭔가 될 것 같은 교육이 아니다. 하브루타를 지속하면 알 것이다. 잔잔하지만 강력한, 말로 다 설명할 수 없는 은혜가 있다.

누림교회에는 부모 교육 등을 통해 하브루타를 조금이나마 경험한 비기독교인 부모들이 자녀를 데리고 온다. 그들은 하브루타가 하나님의 방법인 것도 인정하고 성경 교육도 받아들인다. 부모들이 먼저 조용하지만 강력한 그 무엇을 경험했기 때문이다. 아직 크리스천이라 할 수는 없지만 전도의 밭을 교회에 옮겨 놓은 것이다. 사람들에게 교회가 외면당하는 이 시대에 상당히 고무적인 일이다.

스포츠에서 기술은 매우 중요하다. 유도에서 엎어치기는 한판을 가져오는 화려한 기술이다. 손으로 상대의 도복을 단단히 잡고 힘껏 당겨 업어 메쳐야 한다. 이때 손기술도 중요하지만 허리기술이 중요하다고 한다. 내 허리를 상대의 허리 깊숙이 집어넣고 힘껏 잡아 메쳐야 하는 것이다. 그런데 이런 기술 못지않게 중요한 것이 기초 체력이다. 아무리 기술이 좋아도 기초 체력이 없으면 승리하긴 힘들다.

하브루타도 그렇다. 기초 체력이 있어야 한다. 학교 교육이든, 성경 교육이든 하브루타 질문, 토론은 고급 기술이다. 이때 기초 체력은 다른 사람과 이야기를 나누고 어울릴 줄 아는 능력이다. 친구를 만들고 친구가 되어 줄 줄 아는 능력인 것이다. 그런데 이 기초 체력은 하루아침에 만들어지는 게 아니다. 오랜 시간 경험을 통해 길러진다.

부모가 하브루타를 이해하지 못하면 아이들의 변화를 보지 못한다. 또 그 작은 변화의 가치를 모른다. 올라오는 새싹을 볼 수 있는 눈이 없다. 집중력, 인내력, 관계 능력, 성경에 대한 호기심, 하나님에 대한 의식 등과 같은 새싹이 가져올 변화와 축복을 볼 수 있는 눈이 열리지 않는다. 부모가 새싹을 보지 못하는 것은 자신이 제대로 체험하지 않았기 때문이다.

교회뿐 아니라 가정에서도 하브루타를 하길 원한다면 부모부터 체험하되 지속적으로 경험해야 한다. 하브루타는 성경적 교육법이지만 교육 방법이 아니기도 하다. 하브루타는 학습이 아니라 생활이 되어야 하기 때문이다. 부모와 자녀, 교사와 학생 간에 일어나는 문화이자 생활이어야 한다.

하브루타를 접했다면 당장 하브루타를 시작하라고 권하고 싶다. 얼마 못 가서 손맛을 보게 될 것이다. 그리고 조급해하지 말고 1년만 지속해 보라. 싹을 보고 장차 거두게 될 탐스러운 열매도 볼 수 있게 될 것이다.

말씀을 듣지만 말고 새기라

유대인 문화 중에 '후츠파 정신'이 있다. '후츠파 정신'이란 과감

한 도전을 의미한다. 하나님이 명령하시자 무작정 길을 떠난 아브라함의 믿음이 '후츠파 정신'이다.

어느 날 문득 "교회가 반토막 났으니 어쩔 수 없다", "재정이 어려워서 할 수 있는 것이 없다", "성도가 없어서 안 된다" 등 수많은 핑계를 대며 아무것도 하지 않는 나를 보았다. 더 이상 환경과 상황에 핑계 대지 말고 오래전부터 꿈꿔 온 교회 개혁을 실행에 옮기자고 마음먹었다. 망하더라도 살기 위해 잔꾀 부리다 망할 게 아니라 본질적인 일에 매달리다 망하자 싶었다. 적어도 나 자신에게 부끄럽지 않기 위해서라도 하나님 보시기에 바른 길을 걷자 했다. 그래서 믿음의 승부를 거는 마음으로 하브루타를 시작했다. 하브루타는 후츠파 정신으로 시작한 것이다.

하지만 하브루타가 좋다는 것은 분명히 알겠는데 어디서부터 어떻게 시작해야 할지 몰랐다. 불안이 마음을 점령하니 세미하게 일하시는 하나님이 보이지 않았다. 그런 순간에도 주님은 일하고 계셨다.

교회가 어려운 중에도 꿋꿋이 자리를 지킨 성도들은 그새 신앙이 훌쩍 자라 있었다. 자발적으로 헌신하고 교회를 사랑하는 귀한 성도들이었다. 당시 내가 할 일 중에는 성도들이 무리해서 헌금하고 봉사하지 않도록 말리는 일도 포함되어 있었다.

하나님이 기뻐하시는 일을 하고 이렇게 성숙한 성도들과 함께하는데 하나님이 기름 부으시지 않을 리 없다고 나름대로 믿는 구석이 있었다. 어려웠지만 성공보다는 가치를 추구하고 싶었다. 교세와 시스템보다 사람이 먼저인 교회이고 싶었다. 더 나아가 이 시대에 희망을 주는 교회를 세우고 싶었다. 본질이 살아 약동하는 교회를 만들고 싶었다.

교회의 본질은 말씀과 성도라고 생각한다. 사람은 가슴으로 주의 말씀을 만날 때 변화될 수 있다. 내가 이해하는 목회는 성도가 말씀을 가슴으로 만날 수 있게 하는 것이다. 성도가 제대로 주의 말씀을 만나면, 그때부터는 성령의 역사를 보게 될 것이다. 이것이 내가 꿈꾸는 부흥이다.

지난 목회를 돌아보면, 많은 성도들이 하나님의 은혜에 감동을 받아 눈물을 흘리고 회개하고 감사하는 모습을 수도 없이 보았다. 하지만 삶의 변화는 너무나 미미했다. 은혜가 넘친다는 훈련, 집회, 세미나를 수없이 경험해 보았고 이끌기도 했다. 들풀학교 신앙회복 프로그램을 만들어 하와이를 시작으로 수많은 선교 현장에서, 또 국내 30여 교회에서 2박 3일 집회를 인도하기도 했다. 거기서 놀라운 치유도 경험했고 천국을 경험했다는 고백도 많이 들었다. 10여 년 전에 참석했던 분들한테서 지금도 안부 전화를 받고 있는 것을 보면 하나님의 은혜가 참으로 특별했음을 알 수 있다.

그러나 집회 때 받은 감동은 그리 오래가지 않았다. 변화가 없다고 말할 수 없지만 당시 받은 감동에 비하면 변화는 너무 보잘것없었다. 내게 이것은 늘 숙제였고 해갈되지 않는 목마름이었다.

그러던 중 우연히 비석에 글자를 새기는 모습을 보게 되었다. 문구가 인쇄된 종이를 먼저 돌에 붙인 후 인쇄된 글씨를 따라 드릴로 새겨 나가는 모습이었다. 나는 순간 숙제를 해결할 방안을 찾은 것 같았다. 말씀이 이처럼 가슴에 새겨지면 감동만큼이나 삶이 변화될 것이라고 생각한 것이다.

우리는 말씀이 마음에 와 닿으면 새겨진 것이라 착각한다. 하지만 그것은 비가 오고 바람이 불면 사라져 버리는 돌판에 붙여 놓은 종이 같은 것이다. 비나 바람이 오기 전에 말씀을 드릴로 새겨야 사라지지 않는다. 기도하면서, 예배드리면서 말씀을 깨닫고 감동하는 것은 돌 위에 붙은 인쇄된 종이와 같다. 그러면 말씀을 어떻게 새기면 될까?

문제의 원인은 찾았는데 방안은 막막했다. 서점으로 달려가 눈에 들어오는 책을 모조리 구입해서 밤을 새워 가며 읽었다. 그러던 어느 날 기도 중에 성령의 강한 음성을 들었다.

"지시할 땅으로 떠나라."

하나님이 아브라함을 부르실 때 하신 말씀이었다. 나는 이 말씀이 어떻게 할 바는 그때그때 알려 줄 테니 일단 시작하라는 음성으로 들렸다.

시대는 따라가기 바쁠 만큼 급변하는데 교육은 교회 안이나 밖이나 별로 달라진 게 없다. 교사가 일방적으로 가르치고 주입하는 교육, 무조건 암기하는 공부, 성적지상주의와 입시제도에 맞춘 교과 편성 등 학교 교육은 예나 지금이나 다를 게 없다. 교회 교육은 더 심각하다. 내가 어렸을 때 주일학교에서 배운 공과공부가 지금까지 똑같은 교수 방법으로 이뤄지고 있다. 스티커 붙이기나 만들기 등으로 흥미를 유발하려 하지만 딱 거기까지다. 아이들은 흥미를 주는 것에만 반응을 보이고 청년들은 화려한 악기들의 감성 찬양에만 빠져 있으며 어른들은 축복에만 골몰한다. 이것이 오늘날 한국교회와 크리스천들이 처한 신앙의 현주소다.

나도 재미있는 교육이 좋다. 그리고 요즘 새롭게 나오는 찬양들도 좋아한다. 하지만 교육이든 찬양이든 설교든 말씀이 중심이 되지 못할 때 그것은 우리 신앙을 위험에 빠뜨릴 수 있다.

나는 세계 각 나라의 교육법 자료를 찾던 중 발도르프(Waldorf)와 하브루타를 알게 됐다. 그리고 하브루타가 신명기 6장에서 하나님이 명령하신 말씀에 근거하고 있다는 것을 알고는 '이것이다' 하고 무릎을 쳤다.

나는 '강론'을 설교나 훈계 정도로 이해하고 있었다. 하지만 '강론'은 몸에 익힐 때까지 말하고 대화하는 것이다. 서로의 생각을 끈질기게 나누고 토론하고 논쟁하는 것이다. 일방적으로 가르치고 배우는 것이 아니라 대화와 토론으로 상호작용함으로써 말씀을 익히고 마음에 새기는 것이다. 자녀와 함께 강론을 실천하다 보면 생각지도 못한 엄청난 축복을 경험하게 된다. 이것은 직접 해보지 않으면 알 수 없다.

우리는 너무 걱정만 하고 행동하지 않는 경향이 있다. 왜 그런가? 아직 준비가 안 된 것 같다, 지금보다 더 많이 알아야 할 수 있을 것 같다, 어떻게 하는지 방법을 모른다 등 핑계가 많기 때문이다. 하지만 아브라함을 생각해 보라. 말씀을 의지해 일단 움직이자 주님이 인도하시고 도우셨다. 갈 곳은 몰라도 떠나라고 하셨으니 순종하여 떠나면 된다. 일방적으로 전달하고 외우는 주입식 교육을 떠나면 된다. 일방적인 교육을 벗어나려면 질문하면 된다. 외우는 교육을 하지 않으려면 이야기하면 된다. 그다음은 하나님이 인도하신다.

하나님은 명령만 하고 아무것도 안 하시는 분이 아니다. 하나님은 이미 우리에게 강론, 곧 하브루타라는 드릴을 주셨다. '후츠파' 정신으로 일단 시작해야 한다. 아무것도 안 하고 걱정만 하는 것보다 훨씬 낫다.

나의 중학생 아들은 재미있는 예화도 없는 성경 토론을 즐거워했다. 내가 오히려 성경에 관심을 갖고 질문하는 아들이 신기했다. 아이들의 질문은 신선하다. 어른이 오히려 아이들에게서 더 많은 자극을 받는다.

나 역시 하브루타가 강론이라는 것 외에는 아는 것이 없었다. 어떻게 해야 하는지도 몰랐다. 그래서 시행착오가 많았다. 하지만 하나님은 내가 시행착오라고 말할 때 성장의 자양분일 뿐이라고 말씀하셨다. 시행착오는 실수도 실패도 아니다. 가만있지 말고 일단 해보라. 은혜의 샘은 그곳에 있다.

07

하브루타 시작, 이렇게 하라

쉬운 것부터 한 가지씩 시작하라

하브루타는 서로 얼굴을 마주보고 이야기하면 된다. 이론은 단순하다. 하지만 이야기만 하면 되는 이 간단한 것이 쉽지 않다. 막상 시작하면 많은 에너지가 소모되며 상당한 집중력이 필요하다.

누림교회는 가장 먼저 교회학교에서 하브루타를 시도하기로 했다. 사람들은 '변해야 한다'는 데는 동의하지만 막상 자신이 변해야 한다면 거부하고 불편해한다. 그래서 교회 전체가 아니라 교회학교부터 변화의 물꼬를 트기로 했다.

그런데 어떻게 하브루타를 시작한단 말인가?

교회학교와 청년 사역을 잘한다는 목사님의 소문을 들으면 식사를 대접할 테니 두 시간만 내달라고 간청해서 교회에 찾아갔다. 덕분에 많이 배웠고 참고할 내용도 많았다. 하지만 부족한 나로선 그분들처럼 할 자신이 없었다. 얼마나 해야 그분들의 역량을 흉내라도 낼 수 있을지, 과연 그게 가능하기나 한 건지 의심스러웠다. 더구나 그분들의 방법도 여전히 쌍방향 소통이 있는 교육은 아니었다.

나는 결국 내가 잘할 수 있는 일에 집중하기로 마음먹었다. 꽤 많은 시간을 컴퓨터 앞에 앉아 있었지만 계획서는 한 페이지도 채우지 못했다. 책을 뒤져도 개운하지 않았다. 실제로 하브루타를 실천하는 사람을 만나면 될 것 같은데 그렇다고 이스라엘까지 갈 엄두는 나지 않았다. 나는 하나님께 지혜를 달라고 매달렸다. 하나님이 주신 지혜와 노하우는 모든 교회에 공개하겠다고 기도했다. 손에 있지도 않은 것을 가지고 미리 선심을 쓴 셈이다.

그러던 중 인터넷 검색을 통해 우연히 하브루타 교육사 과정이 있다는 것을 알게 되었다. 하브루타를 실천하는 분을 만나 볼 수 있다는 희망이 생겼다. 그것이 당시 내가 할 수 있는 최고이자 최선이었다. 그렇게 시작한 교육은 정말 귀한 만남과 축복으로 이어졌다. 점심시간이면 가급적 강사님들한테 식사를 대접해 가며 이야기를 들었다. 그것이 인연이 되어 그분들과 지금까지 소중한 만남을 이어 오고 있으며 하브루타 운동을 함께하고 있다.

교회 안에서 하브루타를 정착시키려면 먼저 성도들을 설득시켜야 한다. 그래서 나는 틈만 나면 새로운 교회학교의 필요성을 성도들에게 이야기했다. 36세 이하의 사람들이 올 수 있는 교회로 만들어야 우리 자녀들이 견고한 신앙인으로 살아갈 수 있다고 강조했다. 한편, 교회학교 교사들을 개별적으로 만나 하브루타가 필요한 이유를 설명했다. 그중 한 집사님은 마침 하브루타 책을 접했다며 내친김에 나와 함께 하브루타 자격증을 취득했다. 지금은 그분의 남편까지도 하브루타 교사와 강사로서 탁월한 능력을 발휘하고 있다.

지인들 중에는 하브루타에 빠져 있는 내가 걱정스러웠는지, 교회학교는 재정이 많이 드는 만큼 먼저 장년 사역을 정착시킨 뒤 나중에 하자고 나를 설득했다. 나와 교회를 위해 하는 말인 줄 알기에 고마웠지만, 교회학교는 장년 사역을 위한 옵션이 아니라 본질적 사역임을 강조했다. 나는 혹여나 교회학교 사역에 매진하다 교회가 무너진다 해도 그것은 거룩한 무너짐이지 부끄러운 것이 아니라고 스스로 다독였다. 어떤 어려움이 있어도 교회학교를 시작으로 교회의 변화를 일으키리라 마음을 다잡았다.

그런데 질문하고 토론하는 교육이 아무리 좋다지만, 우리 사회의 세대 간 대화가 일방통행에 가깝다는 것이 내가 가장 걱정한 부분이었다. 아이들이 어른에게 자기 생각을 또박또박 말했다가는 버릇없는 아이라고 핀잔을 들을지도 몰랐다. 하브루타를 접한 부모들은 가정에서 당장 하고 싶어 하지만, 세대 간에 보이지 않는 벽을 제거하지 않는 한, 오히려 역효과가 날 수도 있다.

오늘날 부모와 자식 간에 필요한 것은 교육이 아니라 소통이다. 자녀를 잘 키우고 싶다면 교육을 포기하고 소통을 선택해야 한다. 이것을 각오하지 않으면, 자칫 하브루타가 신종 잔소리 수법이 될 소지가 크다. 아이들은 늘 훈계하려는 어른들에게 질려 있다. 훈계하고 가르치려 드는 부모에게 아이들은 마음을 열고 대화의 장에 나오지 않는다.

많은 부모들이 아이들과 성경을 읽으면 그것을 자신에게 주시는 메시지로 듣지 않고 아이에게 가르치는 메시지로 듣는다. 그래서 자녀에게 자신의 생각을 무리하게 주입하려 애쓴다. 교사도 마찬가지다. 자신에게 꿀송이보다 단 말씀이라고 해서 아이들에게 강요해선 안 된다. 아이들의 꿀송이는 따로 있다. 그들이 스스로 그런 말씀을 찾아야 한다.

그래서 우리는 하브루타를 하기 전에 먼저 질문하고 토론하는 것을 배우는 입문 과정을 개설하기로 했다. 부모도 학생도 먼저 질문하고 토론하는 힘을 이해하고 맛보게 해야 했다. 이야기하고 소통하는 방법을 먼저 경험해야 성경 하브루타를 잘할 수 있을 것이다. 성경 토론이 힘들면 말씀에 대한 흥미도 떨어진다. 무엇보다 성경에 대한 부정적인 이미지를 갖지 않는 것이 중요했다.

하브루타교육협회 강사를 초청해 세미나를 가진 뒤 곧이어 오후 예배 시간에 하브루타 실습에 들어갔다. 이와 동시에 교사 훈련을 했다. 교사들은 별 어려움 없이 하브루타를 이해하고 받아들였고 그 시간을 즐거워했다.

문제는 우리 교회 교회학교의 현실이었다. 가뜩이나 숫자가 적은데다 같은 학년끼리 짝을 묶기가 쉽지 않았다. 교회를 이전한 지 반년이 다 되었지만 새신자는 한 명뿐이었다. 학교 친구들을 한 명씩 데려오자고 했지만 12주를 빠지지 않고 나온다는 보장이 없었다. 짝이 결석하면 혼자 남게 되니 교육에 차질이 생기는 것이다. 부모의 동의를 받아 아이들이 결석 없이 참석하는 것도 관건이었다.

그래서 다수가 아니라 소수를 제대로 가르치는 것으로 방향을 잡았다. 하브루타를 확실히 교육 받아 변화되는 것을 보여 줘야 하브루타를 장기적으로 할 수 있을 것이기 때문이다. 먼저 연령별로 4명씩 그룹을 만들기로 하고 20명 정원의 입문반을 모집했다.

주일 오전 9시 30분부터 40분가량 드리던 주일학교 예배를 오후 2시로 옮겼다. 30분도 집중하지 못하는 아이들을 2시간이나 교육한다고 하니 우려의 목소리가 높았다. 또 오후예배를 없애면 장년들의 신앙이 나태해질 것이라고 우려했다.

하지만 나는 2시간 교육은 염려하지 않았다. 말문이 트이기만 하면 2시간은 금방 지나갈 것이다. 장년 성도들도 같은 시간에 그룹을 만들어 하브루타 실습에 동참할 것을 권면했다.

한편, 확실한 교육 효과를 위해 학부모가 하브루타 부모 교육을 받지 않으면 학생을 받지 않기로 했다. 부모의 이해가 없다면 아이의 변화가 가정에서 오히려 갈등의 소지가 될 염려가 크기 때문이다.

교육 효과를 생각하면 틀린 말은 아닌데 모집을 생각하면 불가능해 보이는 조건이었다. 우리 교회는 주일학교 출석 학생이 많은 대형교회가 아니다. 한 명이 아쉬운 개척교회에서 이렇게 조건이 까다로우니 실행도 하기 전에 좌절하지 않을까 걱정스런 상황이었다.

하지만 한 명이 모집되더라도 제대로 교육하자는 게 내 신념이었다. 모집 인원을 채울 자신은 없지만 교육만큼은 최선을 다해 잘할 자신이 있었다. 제대로 교육해야 2기, 3기로 이어 갈 힘이 생길 터였다.

그런데 놀랍게도 모집하자마자 18명이 등록했다. 전도 프로그램으로 타 교회 집사님의 재능 기부를 받아 쿠키교실을 몇 차례 열었던 것이 큰 도움이 되었다. 함께 공부한 하브루타 교육사 자녀도 등록했다.

겨자씨 한 알, 하브루타를 모종하다

'꿈지락 하브루타'가 이렇게 해서 탄생했다. 우리는 먼저 개강예배를 드리고 학생들에게 하브루타 동기부여 교육을 실시했다. 하지만 처음부터 난관에 부딪쳤다. 학생들의 반응이 생각과 달리 신통치 않았다. 부모들의 반응은 열광적이었지만 아이들은 달랐다.

생각해 보니 아이들의 관심사를 간파하지 못한 게 실수였다. 노벨상이니 아이비리그니 하는 소리는 아이들에게 교회까지 와서 또 다시 입시, 성적을 위해 특훈을 받는다는 느낌을 주었다. 더구나 아이들은 지금까지 주일 오후예배 시간 동안 자기들끼리 부모를 기다리며 놀던 시간을 빼앗긴 게 불만이었다. 상당수의 아이들이 부모에게 반강제로 끌려온 상태였다. 사춘기 아이들은 더더군다나 비협조적이었다. 순조로운 출발을 기뻐했더니 정말 당혹스러웠다.

하브루타 교육은 학생들의 생각과 마음의 변화를 파악하기 위해 교사 1명에 4명의 학생을 배치했다. 그래서 교사 5명에 20명 정원이 된 것이다. 첫 시간 이후 무엇을 관찰하고 파악할 것인가에 대한 고민이 깊어졌다. 단순히 질문하고 토론하면 될 줄 알았는데, 그것은 대단한 착각이었다. 2주 만에 우리의 계획이 현실과 너무나 거리가 멀다는 사실을 깨달았다. 나는 요즘 아이들을 몰라도 너무 몰랐다.

소리 내어 글을 읽고 질문하고 토론하는 과정으로 계획했는데, 의외로 많은 아이들이 자기 입으로 소리 내어 읽은 글의 내용조차 파악하지 못했다. 어떻게 몇 줄 안 되는 글의 내용도 파악하지 못한단 말인가? 그런데 더 충격적인 것은 이 아이들의 학교 성적이 매우 좋았다는 것이다. 머리가 나빠서, 이해력이 부족해서 그런 게 아니라는 얘기다.

요즘 아이들은 대의 파악 능력이 현저히 떨어진다. 서로 활발하게 이야기한다고 해서 대화를 잘하고 있는 건 아니다. 아이들의 생각과 성장을 실질적으로 점검할 수 있는 새로운 기준이 필요했다. 만약 학생을 관찰하는 교사 없이 진행자 한 사람이 진행하고 학생들을 두 사람씩 짝지어 주고 토론하게 했다면 쉽게 발견하지 못했을 부분이다. 잡담을 열심히 해도 토론을 잘하는 것으로 믿었을 것이기 때문이다.

교사 한 명이 네 명의 학생들의 질문과 토론을 면밀히 관찰하게 한 것은 탁월한 선택이었다. 나중에 이것이 하나님의 간섭이었음을 발견하고 깜짝 놀랐다. 하나님은 처음 약속처럼 섬세하게 인도하고 계셨던 것이다.

교사들은 수업이 끝나면 거의 파김치가 되었다. 이어폰을 낀 채 딴청을 부리는 학생, '네, 아니오' 외에는 아무 말도 하지 않는 학생, 엉뚱한 소리만 늘어놓는 학생 등 그야말로 통제불능이었다. 심지어 두 번째 날에는 중도에 포기하는 학생도 나왔다. 다른 학생들에게 영향을 미칠까 전전긍긍하며 몇 주를 보내야 했다. 아닌 게 아니라 다른 학생들이 보다 빨리 적극적 참여자로 돌아서게 하는 데 부정적 영향을 미쳤다. 그 학생을 생각하면 지금도 무척 아쉽고 마음이 아프다.

웅성웅성 소리가 들리니까 토론이 활발하게 이뤄지는 것 같지만, 사실 아이들의 대화는 한숨이 나올 지경이었다. 무엇부터 가르쳐야 할지, 어떻게 지도해야 할지 막막했다. 여기서는 마음껏 떠들어도 된다고 해도 아이들은 그 말을 믿지 않는 눈치였다. 아이들은 습관적으로 어른들 앞에서 입을 다물었다. 그동안 하고 싶은 대로 떠들었다가 버릇없다는 소리를 들었으니 당연했다.

아이들의 민낯을 보고 나니 여러 가지 생각이 스쳐 갔다. 지금까지 아이들은 예배 시간에 무슨 생각을 했을까? 설교나 공과는 이해하고서 고개를 끄덕였을까? 그들의 "아멘"은 빨리 끝내 달라는 주문이었던 걸까? 학교에서는 어떻게 지낼까? 학원에 가서는 공부할까? 부모들은 아이들의 상태를 알고 있을까? 부모들에게 이런 사실을 어떻게 설명해야 할까? 마음이 복잡했다.

부모 교육을 해보면 부모들은 아무리 교육 현장의 현실을 이야기해도 내 아이는 아닐 거라고 생각한다. 하지만 확률로 말하면 내 아이는 그렇지 않은 쪽보다 그런 쪽일 확률이 훨씬 높다.

누림교회처럼 학생을 모집해서 하브루타를 가르쳐야 한다면 출석 저항을 고려해야 한다. 아이들은 하브루타를 배우러 교회에 오기까지 이미 부모와 한바탕 전쟁을 치렀기 때문에 마음이 불편한 상태다. 그래서 질문하고 토론하는 일보다 아이들의 무거운 마음을 가볍게 풀어 주는 것이 선결 과제였다. 우리가 결코 경계해야 할 어른이 아니라는 것을 믿게 해줘야 했다.

무엇보다 교사는 지시하고 명령하는 존재가 아니라 동등하게 토론에 참여하며 토론이 원활하게 진행되도록 지원하는 역할을 할 뿐이라는 걸 인식시킬 필요가 있었다. 그러자면 재미가 있어야 했다. 그리고 아이들이 주도하고 어른들이 따라가는 방식이어야 했다.

굳게 닫힌 아이들의 마음을 여는 처방전으로 게임을 선택했다. 토론에 앞서 바둑알로 알까기 시합을 했다. 대체로 아이들은 즐거워했다. 하지만 건성으로 참여하거나 그것마저도 거부하는 아이들도 있었다. 아이들은 어른의 마음을 잘 안다. 게임으로 무엇을 하려는지 이미 간파하고 있는 것이다. 섣부르고 값싼 사탕으로는 아이들의 마음을 열 수 없다.

아이들이 요구하는 것은 프로그램이나 기술이 아니라 자신들을 향한 진심이다. 대중 강의에서는 간단한 게임이나 아이스 브레이킹 유머가 효과적일지 모르지만 일대일 관계에서는 이벤트가 아닌 진심을 보여 주어야 한다.

학교 현장에서 교사와 학생들의 친밀감을 높이기 위해 다양한 교육을 진행했다. 교사에게 'I message 전달법', '감정코칭' 등 다양한 교육을 했지만 오히려 관계는 더 멀어졌다. 기술만 교육했기 때문이다. 교사 스스로 자신의 마음을 들여다보는 훈련이 없었던 게

하브루타 시행 이전의 모습

하브루타 시행 이후의 모습

실책이었다. '나는 어떤 상황을 싫어하는가, 나는 어떤 유형의 학생을 받아들이기 힘들어하는가' 등을 통해 자신을 알아야 한다. 그래야 관계가 진정성 있게 된다.

아이들의 마음을 사기 위해서는 지속적이며 진실한 마음으로 노크해야 한다. 아이들이 마음의 문을 열고 적극적으로 동참하게 하려면 무엇보다 교사의 태도가 중요하다. 교사의 태도에 따라 아이들의 모습은 달라진다.

08

하브루타 내비게이션

배가 항구를 빠져나갈 때는 나침반이 필요하지 않다. 육안으로 바다를 확인하고 떠나면 된다. 하지만 먼 바다에 나가 본격적인 항해가 시작되면 나침반이 필요하다. 교사들에게 막연히 아이들과 질문하고 토론하라는 것은 나침반 없는 항해를 하라는 것과 같다. 분명한 방향을 제시하고 구체적인 기준을 주어야 한다.

하나님은 우리에게 세 가지 교육의 방향성을 주셨다. 우리는 이것을 '하브루타 내비게이션'이라고 부른다. 만약 이 세 가지 기준이 없었다면 '꿈지락 하브루타'는 짧은 시간에 이렇게 발전하기 어려웠을 것이다. 그 기준은 다음과 같다.

1. 내용 파악 능력

- 본문 내용을 이해하고 요점을 파악하는가?
- 상대의 말을 이해하고 요점을 파악하는가?
- 본문의 단어 뜻과 개념을 잘 파악하고 있는가?
- 등장인물의 감정과 시대 배경, 관습 등을 조사하는가?
- 특히 하나님의 뜻, 명령, 감정, 성품, 기대 등이 파악되는가?

2. 사고 확장 능력

- 질문이 본문 너머에까지 영향을 미치고 있는가?
- 자신의 생활에 다양하게 확장되고 있는가?
- 파악된 본문 내용이 자신의 삶과 연결되어 이야기되는가?
- 자신의 생활에 적용 실천할 수 있는 것을 찾을 수 있는가?

3. 표현 전달 능력

- 자신의 생각을 논거를 가지고 논리적으로 전달할 수 있는가?
- 짝의 말을 이해하기 위해 적절한 리액션을 할 줄 아는가?
- 이야기하고 나눈 내용을 종합 정리할 수 있는가?
- 실천하기로 결심한 것을 생활에서 적용하고 있는가?

하브루타 내비게이션은 교육의 질을 바꾸어 놓았다. 교사가 학생들을 효율적으로 관찰하고 지도하게 했다. 나침반은 학생들에 대해, 또 교사 자신에 대해 정말 많은 것들을 알게 했다. 만약 하브루타 내비게이션에 따라 관찰하고 접근하지 않았다면 우리는 별다른 소득 없이 입문반을 마쳐야 했을 것이다. 내용을 살피지도 않고 그저 말 잘하는 아이가 하브루타를 잘하는 아이라고 여겼을 것이다. 또 말로 표현하는 능력은 부족해도 글이나 다른 방법으로 표현 잘하는 아이들을 놓쳤을 것이다.

하브루타 내비게이션은 학생들의 문제가 무엇인지, 그 해결 방안이 무엇인지를 찾게 해주었다. 아이들의 생각과 마음을 스캔할 수 있는 강력한 무기가 되었다. 아이들의 생각과 마음을 알게 된 교사는 그 아이들을 위해 기도하게 된다. 또 아직도 미약하지만 하브루타를 하고자 하는 사람들에게 조금이나마 도움을 줄 수 있는 자료를 제공할 수 있게 되었다.

일반 하브루타와 성경 하브루타는 다른 점이 있다. 일반 하브루타의 사고 확장은 V자, 즉 방사형 구조라 할 수 있다. 어디로 사고가 뻗어 나가 무엇을 상상하고 질문해도 학습에는 별 문제가 없다. 하지만 성경 하브루타는 질문하고 토론하는 목표가 분명하다.

먼저 하나님의 말씀을 올바로 이해하고 진리를 찾아가야 한다. 모든 질문은 하나님의 뜻, 성품, 의도, 감정 등을 찾는 것으로 귀결되어야 한다. 그런 다음 주어진 메시지에 어떻게 반응할 것인가, 무엇을 실천할 것인가 등 생활 적용의 V자형으로 뻗어 가야 한다. 자신의 삶 어디에 적용하고 실천해도 무방한 것이다. 그래서 성경 하브루타는 X자형 사고 유형을 갖는다.

내용 파악 능력을 길러 주라

첫 번째 관문은 내용 파악이다. 아이들이 간단한 글의 내용조차 정확히 파악하지 못하고 있다는 것을 알게 된 후 그 원인을 파악하는 것이 시급했다. 아이들의 솔직한 이야기를 듣기 위해선 먼저 서로간에 허물이 없어야 한다. 그러나 내가 다가가면 학생들은 곧바로 긴장하면서 경직됐다. 그동안 얼마나 어른들과 소통이 이뤄지지 않았는지 알 것 같았다. 미안했고 부끄러웠다. 나는 틈만 나면 학생들에게 다가가기 위해 노력했다. 복도에서 종이를 공처럼 돌돌 말아 축구하는 아이들을 보면 잠깐이라도 같이 놀아 줬다. 어떻게든 아이들과 친밀감을 쌓기 위해 노력했다.

그렇게 해서 알게 된 것은, 아이들은 소리 내어 글을 읽을 때 아무 생각이 없다는 것이었다. 무엇을 더 알고 싶은 호기심이 없었다. 학교와 학원에서 지치도록 공부한 아이들은 교회에서조차 글을 읽고 뭔가를 파악하라고 하니 그저 귀찮기만 했던 것이다. 문을 박차고 나갈 용기가 없어서 앉아서 앵무새처럼 읽을 뿐 내용에는 관심도 없었다.

그러니까 아이들은 머리가 나빠서 내용을 파악하지 못하는 것이 아니었다. 지나친 학습량으로 뇌가 지쳐 있는 것이었다. 그래서 요즘 아이들은 힘들게 생각하고 깊이 사고해야 하는 것보다 즉각 반응할 수 있는 인터넷과 게임에 열광한다. 이렇게 가다 보면 아이들은 결국 생각하는 것 자체가 힘든 사람이 될 것이다.

아이들은 '생각해 보자'는 말을 몹시 싫어한다. 답을 찾았으면 됐지 또 '왜'를 찾아야 하니까 싫은 것이다.

부모들은 방과 후에 학원 가고 집에 와서 또 학습지하는 것이 얼마나 피곤하고 에너지를 소진시키는 일인지 알지 못한다. 아이들은 부모가 생각하는 것보다 훨씬 더 지쳐 있다.

내용 파악이 안 되는 또 다른 이유는 글을 읽으면서 상상하는 능력이 부족하기 때문이다. 어렸을 때 무협지 같은 책을 읽고 나면 내가 주인공이 되어 상상 속으로 빨려들어 갔던 기억이 있다. 어느덧 내 마음은 장풍을 쏘고 협객이 된다. 상상력은 책에 더 몰입하게 만든다. 그런데 요즘 아이들은 잘 상상하지 못한다. 건강한 아이가 만화를 보면 어깨에 망토를 두르고 날아다녀야 한다. 지구를 구하는 독수리 오형제가 되어야 한다. 하지만 요즘 아이들은 상상하는 능력이 부족해서 글을 읽어도 내용 파악이 안 되고 몰입도 안 된다.

아이들과 이야기하다가 발견한 또 다른 문제는, 단어의 의미를 정확히 모른다는 것이다. 많이 들어 봐서 귀에는 익숙하지만 뜻을 정확히 모른다. 이것은 사실 어른들도 마찬가지다. 나 또한 강론이란 단어를 잘 안다고 생각했다. 하지만 한자를 찾아보니 정확한 의미를 몰랐다는 걸 알았다. 익숙한 단어를 아는 단어로 착각하는 것은 학업에서도 마찬가지다. 특히 수학에서 사용하는 용어를 잘 모른다. 의미를 모르니 문제를 조금만 비틀어도 풀지 못한다. 문제의 요지를 이해하는 데도 시간이 오래 걸린다. 그래서 내용 파악 능력을 길러 주는 몇 가지 지침을 제시하고자 한다.

1. 만화를 활용하라

내용 파악을 위해 유치부나 저학년은 만화를 활용하는 것도 좋다. 선생님은 이야기를 부분 부분으로 나누어 들려주고 한 부분씩 이야기를 그리게 한다. 또는 성경의 등장인물들을 미리 인쇄해서 나눠 준다. 그런 다음 선생님이 들려준 이야기에 나오는 등장인물을 찾고 오려 붙이게 한다. 등장인물의 주변 내용을 선생님의 질문에 따라 자유롭게 상상하고 그리게 한다. 그렇게 4-6페이지의 작은 책을 만든 뒤 내용을 선생님이나 친구들과 나눈다.

이렇게 하면 그림을 그리면서 상상력이 발달하고 전두엽이 활성화된다. 처음에는 그림카드를 만들어서 이야기를 들려주고 다시 학생이 선생님에게 이야기를 들려주는 방식으로 했는데, 이 역시 아이들이 어려워했다.

어린아이들은 이야기할 때 말로만 하지 않고 온몸으로 표현한다. 따라서 눈과 귀로만 배우는 것보다 손과 발을 움직여 배우는 것이 효과적이다. 가령, 성경 말씀으로 가사를 붙인 찬양이 있다. 가사의 뜻을 서로 이야기하고 몸으로 표현하게 하는 것이다. 성경 이야기도 단순히 듣는 것보다 등장인물을 스스로 찾고 오리고 붙이는 것이 내용을 파악하고 숙지하는 데 훨씬 도움이 된다.

2. 눈을 감고 상상하게 하라

'눈을 감고 상상하기'도 내용 파악에 큰 도움이 된다. 교사가 글을 아주 천천히 읽으면 아이들이 내용을 상상한다. 그런 다음 서로 상상한 내용을 이야기한다. 상상한 내용을 그림으로 그리는 것도 좋다. 그 과정에서 아이들이 내용을 어떻게 파악했는지를 확인할 수 있다. 또 눈을 감고 상상하기를 자주 하면 마음이 차분해지는 효과가 있다.

퀴즈 게임을 해도 좋다. 이때 주의할 점은 아이가 스스로 할 수 있도록 충분히 기다려 주는 것이다. 교사가 너무 급하게 진행하면 아이들은 충분히 상상하고 생각하지 못하게 되고 결국 흥미를 잃게 된다.

한편, 그림 그리기 등의 활동을 할 때 아이들한테만 맡겨선 안 된다. 7세 이하의 아이들은 어른들이 하는 것을 보고 모방하며 배운다. 대부분은 친구가 말하면 똑같이 따라 대답한다. 아직 독립적인 자기 생각이 나오는 시기가 아니다. 눈으로 보고 따라 하면서 배우는 시기다. 그렇기에 선생님도 아이들처럼 똑같이 오리고 그리고 붙이며 모방의 모델이 되어 주어야 한다.

3. 단어를 체크하고 뜻을 찾으라

초등학교 고학년 이상의 아이들과 내용 파악을 위해 가장 먼저 한 것이 모르는 단어를 체크하고 뜻을 찾아보는 것이었다. 먼저 한자어 중심으로 뜻을 찾아보게 하고 서로 이야기하게 하면 좋다. 아이들은 의외로 많은 단어를 모른다. 읽을 줄 안다고 뜻을 아는 것이 아니다. 한 예로 "주께서 명하사"라는 글에서 '명하다'라는 의미를 상당수의 초등학생이 몰랐다. 단어의 뜻을 찾을 때는 스마트폰 사용을 허용했다. 이는 스마트폰의 순기능을 활용하도록 유도할 수 있다. 하지만 사전에 스마트폰은 자료 검색에만 사용하자고 서로 약속해야 한다.

단어의 뜻을 알아보는 것만으로도 훌륭한 질문이 된다. 가령 '착하다'는 단어는 사람마다 착하다고 느끼는 행동이나 상황이 다를 수 있다. 본래 단어가 가지고 있는 사전적 의미와 다른 개념을 가지고 있는 경우도 많다. 단어의 개념을 정리하는 것만으로도 본문을 파악하는 데 큰 힘이 된다. 전체 내용을 3-5문장으로 요약해서 표현하는 활동도 유익하다.

성경 본문의 배경이나 관습 등은 선생님이 알려 주는 것이 좋다. 아이들 수준에서 너무 어려운 내용은 선생님이 미리 자료를 찾아서 제공하면 좋다.

4. 카드 나열하기를 활용하라

아이들은 아브라함과 모세 중 누가 먼저 태어났는지 알지 못한다. 어른들도 바벨론이 먼저인지 페르시아가 먼저인지 모르는 사람이 많다. 아이든 어른이든 여기저기서 조각조각으로 들은 것은 많은데 전체를 꿰지 못하는 것이다.

그래서 고민에 빠졌다. '교사들도 어려워하는 것을 어떻게 아이들에게 가르칠 것인가?' 그때 교사 한 분이 카드 나열하기라는 방법을 찾아냈다. 먼저 주요 성경 인물 카드를 만들고 역사 순서대로 나열하기 게임을 한다. 그런 다음 인물별로 그 시대에 일어난 사건을 찾아보고 이야기한다. 이렇게 하자 아이들은 흥미를 느끼면서 성경이 어렵다는 부담에서 조금씩 놓여나는 것 같았다.

하나님이 꿈꾸는 나라는 어떤 나라인가?
하나님은 노아를 통해 어떤 세상을 기대하셨을까?
하나님이 어리고 나약한 다윗을 선택하신 이유는 무엇일까?

인물을 시대 순으로 나열할 줄 알게 되면 인물과 당시 사건들을 연결하는 과정을 하브루타 방식으로 교육한다. 이러한 내용이 정리되고 나서야 사건들의 의미와 하나님의 메시지를 심도 있게 토론할 수 있다. 구약이 끝나면 예수님의 공생애 여정과, 바울의 1-3차 선교 여행 순서로 진행한다. 교사와 장년을 위한 성경 교육으로도 좋은 방법이다.

5. 설교와 하브루타를 접목하라

성도들이 하브루타를 하면서 가장 염려하는 것 중 하나가 성경을 자의로 해석하는 것이다. '잘못 해석하면 어떡하지?' 하는 두려움이 있는 것이다. 구속사적 관점으로 보아야 할 성경 본문이라든가 본문에 나오는 식물, 기후, 사건 등에 관한 자료를 제공해 주는 것이 좋다. 또한 언제든지 의문이 생기면 찾아갈 수 있는 사람을 지정해 줌으로써 안정감을 주면 좋다.

가장 좋은 방법은 예배 설교와 하브루타를 접목하는 것이다. 목사님이 설교를 통해 본문을 충분히 설명한 뒤 예배 후 소그룹으로 하브루타를 하는 것이다. 목회자 없이 성도들끼리 성경을 토론할 때는 목회자가 올바른 본문 해석에 필요한 성서 배경 자료를 미리 제공해 주는 것도 좋은 방법이다. 본문의 중심 메시지를 찾아갈 수 있는 질문을 목회자가 만들어 제시해 주고 먼저 그 질문을 토론한 후 성도들이 자신의 질문에 대해 토론하는 것도 방법이다.

6. 질문을 많이 만들라

내용 파악을 위해 가급적 질문을 많이 만드는 게 좋다. 좋은 질문은 좋은 해답을 얻게 한다. 질문에 대해 서로 이야기할 때 반드시 잊지 말아야 할 점은 하나님을 찾는 것이다. 하나님의 뜻, 명령,

감정, 성품, 기대를 파악할 수 있는 질문에 대해 서로 이야기할 때 성경 하브루타는 올바른 방향으로 가게 된다.

단. 유치부는 질문보다는 내용 파악이 중심이 되어야 한다. 이야기하다가 자연스럽게 생긴 질문에 대해서는 칭찬해 주고 서로 자기 생각을 이야기하도록 해준다.

〈오병이어 사건에서 내용 파악을 위한 질문의 예〉

1) 빌립을 시험하시고자 광야에서 사람들에게 먹을 것을 주라고 하신 예수님의 의도는 무엇일까?
2) 오병이어를 가지고 온 안드레의 의도는 무엇일까?
3) 많은 사람들이 앉을 수 있는 그 장소는 얼마나 넓었을까?
4) 예수님은 왜 각 사람들 앞에 음식이 놓이도록 기적을 베풀지 않고 제자들에게 가져다주라 하셨을까?
5) 제자들은 각자 음식을 몇 번이나 사람들에게 가져다주었을까?
6) 음식을 나누면서 제자들은 무슨 생각을 했으며 그때 마음은 어땠을까?
7) 예수님은 제자들의 생각을 바꾸기 위해 그 많은 사람들을 먹이신 걸까?
8) 예수님은 왜 남은 음식을 거두라고 하셨을까?

인문학자 최진석 교수의 말을 빌리자면, 대답 잘하는 아이가 똑똑한 아이로 취급 받는 사회는 바보들을 생산하는 사회라고 한다. 그런데 우리 사회야말로 대답 잘하는 사람을 인정하는 사회다. '답'이라는 것은 본래 자신이 관여하거나 기여한 바 없이 만들어진 지식이다. 그것을 자신의 기억 속에 잘 보관했다가 남이 요구할 때 최대한 원형 그대로 전달하는 것이 '잘한 대답'이다. 그렇게 얻은 지식에는 애정이 없다.

우리의 대학 교육이 그렇다. 졸업 후 쓰지도 않을 지식을 위해 수천만 원의 학비를 내고 수년을 낭비한다. 이것에 대해 학생도 부모도 별로 이상하게 생각하지 않는다. 이제 사회는 지식을 2차, 3차 가공하여 새로운 것으로 만들어 내는 인재를 요구한다. 컴퓨터는 단순히 정보를 저장하는 것을 넘어서 데이터를 분석할 수 있게 되었다. 당연히 인재란 지식과 컴퓨터 분석을 2차, 3차 가공 활용할 수 있는 사람이다. 단순 암기로 우수 학생을 선정하는 방식은 이제 구시대의 유물이 된 것이다.

주어진 시험 문제에 답하는 교육만 받고 자란 사람은 주어진 과제가 없으면 아무것도 하지 않거니와 할 수조차 없다. 지식은 보관하기 위해서가 아니라 활용하기 위해서 습득해야 한다. 질문할 줄 알아야 사고가 확장될 뿐 아니라 고등사고를 하는 인재로 성장할 수 있다. 질문 내용을 보면 그 사람의 사고 수준과 발전 가능성을 엿볼 수 있다.

나는 학생들에게 이야기를 들려주고 그림을 그려 보게 했다.

"물고기 한 마리가 있었습니다."

그런데 아이들은 약속이라도 한 듯 붕어처럼 생긴 물고기를 그렸다. 장어, 갈치처럼 긴 물고기도 있고 복어처럼 동그란 물고기도 있다. 그런데도 아이들은 모두 붕어처럼 생긴 물고기만 그렸다. 같은 물고기라도 위에서 본 모습이 다르고 앞에서 본 모습이 다르다. 하지만 아이든 어른이든 물고기 하면 오로지 한 가지 모습만 그린다. 우리의 사고가 얼마나 획일적으로 고정되어 있는지 알 수 있다.

경직된 사고는 어려서부터 자신도 모르게 주입된다. 책을 많이 읽어야 좋다는 소리에 많은 엄마들이 아이들에게 그림책을 읽어 준다. 하지만 그것마저도 주입식이다. 그림을 보여 주며 "오리는 꽥꽥, 돼지는 꿀꿀, 강아지는 멍멍…. 고양이도 까꿍, 강아지도 까꿍…" 한다. 정말로 읽어 주기만 하고 끝난다.

베드타임 스토리가 좋다는 말에 아이들 침대맡에 앉아 책을 읽어 준다. 그런데 말 그대로 책만 읽어 준다. 조금 잘한다는 엄마가 구연동화로 읽어 준다. 하지만 한 권 다 읽는 것도 쉽지 않다. 숨이 차게 겨우 읽고 나니 아이가 무서운 말을 한다.

"엄마, 또 읽어 주세요!"

숨이 턱 막힌다. 그다음부터는 부부가 서로 읽어 주라고 미루다 베드타임 스토리는 조용히 사라진다.

한 권을 끝까지 읽어 주는 것이 힘들어서 흐지부지되는 것도 문제이지만, 단순히 읽기만 하고 마는 것도 문제다. 책을 매개로 아이와 소통하고 놀아 주는 시간이 되는 것이 바람직하다. 그럴 때 아이들의 정서도 발달하고 호기심과 창의성도 발달한다. 질문할 줄 아는 아이가 되는 것이다.

신앙에서도 마찬가지다. 마치 컴퓨터에 저장된 지식처럼 보관된 말씀은 삶에서 적용되고 활용되지 않는다. 성경을 가지고 토론해도 이야기가 삶의 다양한 분야로 뻗어 나가지 못한다. 단순히 성경 이야기로 끝나고 만다. 사고를 확장시키기 위해 다음의 방법을 제안한다.

1. 일단 생각나는 것을 적고 말하게 하라

질문을 만들기 시작하면 더 심각한 문제점이 드러난다. 아이들은 자신의 관심사와 호기심을 따라 질문하지 않고 교사의 마음에 드는 질문을 만들려 했다. 질문을 만들라 했더니 질문에 포장지를 두른 답을 만드는 것이다.

하나님은 사람에게만 자신이 아는 것과 모르는 것을 구분할 수 있는 메타인지(metacognition)를 주셨다. 그런데 우리 사회는 모르는 것을 부끄럽게 여긴다. 그래서 우리나라 사람들은 모르는 것을 들킬까 봐 질문하지 않는다. 그러나 모르는 것을 알게 되는 것이 학습의 출발이다.

하브루타를 처음 하는 사람들은 호기심으로 질문을 만들지 않는다. 남들보다 빠른 시간에 더 많은 질문을 만들 수 있다는 것을 은근히 과시하려 들고, 창의성을 과시하려 독특한 질문을 만든다. 그래서 처음에는 남을 의식한 질문을 만든다.

모르는 것, 궁금한 것을 질문하는 것은 칭찬 받을 일이지 "그것도 모르냐?"며 무시당할 일이 아니다. 수치화된 성적으로 사람을 평가하는 사회에서는 1등도 꼴등도 학습 의욕을 갖기 어렵다. 1등은 자리를 지키기 위해 답을 찾는 데 주력하고, 꼴등은 어차피 인정받지 못할 테니 포기하기 때문이다.

답 중독에 빠진 아이들은 경쟁 중독에 걸려 있다. 질문을 만들라니까 남이 볼까 봐 손으로 가리는 학생을 여럿 보았다. 학교 시험도 아닌데 아이들은 자동으로 남이 자기 것을 보는 것을 경계했다. 자기도 모르게 경쟁하는 데 익숙해진 것이다.

나는 아이들에게 커닝이 소중하다고 말한다. 도덕성이 요구되는 시험장에서 커닝하는 것은 옳지 못하지만, 학습 과정에서 남의 것을 보고 벤치마킹하는 것은 좋은 일이다. 에베레스트 산이 세계 최고의 산이 될 수 있었던 것은 히말라야 산맥 위에 있기 때문이다. 나와 이웃한 사람들이 산맥이 될 때 내가 최고가 될 수 있다. 그러므로 서로 생각을 나누고 벤치마킹해야 한다.

그동안 하브루타를 하면서 성도들이 가장 힘들어한 점이, 이야기한 내용이 삶으로 확장되지 않는다는 것이다. 대부분의 성도들은 성경 본문에서 깨달은 것을 삶에 적용하라 하면 추상적이고 모호한 것을 늘어놓는다. 구체적인 실천 행동을 만들어 내지 못한다.

말문이 트이고 생각의 다양성을 끌어내기 위해 무작정 생각나는 것을 열 개 이상 적어 보고 서로 이야기를 나누는 것도 방법이다. 처음부터 멋진 질문을 만들고 실천 가능한 적용을 잘 찾는 사람은 없다. 일단 생각나는 것을 적고 말하게 하면 다양한 영역과 생각으로 확장된다. 별거 아닌 것 같지만 상당히 효과적인 방법이다.

입문반 과정에서 좋은 질문에 대해 가르칠 때, 좋은 질문이 무엇인가를 설명하는 것보다는 자기가 만든 질문 중 좋은 질문과 그렇지 못한 질문을 스스로 구분해 보고 그 이유를 설명하게 하는 것이 좋다. 아이들은 자기 질문을 말로 설명하면서 새로운 아이디어를 떠올리고 질문의 질을 높인다. 적용과 실천도 마찬가지다. 좋은 적용을 구분하고 그 이유를 설명하면서 구체적인 실천 행동으로 확장된다.

2. 성경을 삶과 연계하여 토론한다

좋은 질문은 내용을 온전히 파악하게 만든다. 사고 확장 역시 좋은 질문으로 생겨난다. 성경 하브루타에서 자신의 삶과 연계된 질문은 매우 중요한 한 축이다. 말씀에 대한 순종으로 이어져야 하기 때문이다. 말씀에 순종하고 실천하는 것은 성경을 이해하는 데 절대성을 가질 만큼 중요하다. 하나님의 말씀은 질문하고 토론하는 두뇌 활동만으로는 온전히 이해할 수 없다. 직접 실천하고 순종해야만 비로소 알 수 있는 부분이 많다.

신명기 6장의 강론이 그렇다. 문맥상으로 보면 마치 교육 대상이 자녀인 것처럼 보이지만, 자녀와 함께 강론하기를 순종하고 실천하다 보면, 하나님의 교육 대상은 자녀보다는 부모임을 알게 되는 것이다.

유대인이 나라도 없이 떠돌았지만 신앙을 굳건하게 전수할 수 있었던 것은 자녀를 교육해서가 아니라 강론을 통해 부모의 신앙이 굳게 섰기 때문이다. 이것은 순종과 실천을 통해서만 알 수 있는 것이다.

성경 하브루타에서 중요한 것은 성경을 삶과 연계하여 토론하는 것이다. 그러기 위해 먼저 깨달은 말씀을 자기 삶에서 적용하기 위한 질문을 해야 한다. '하나님 찾기'와 '생활에 적용하기'는 성경 하브루타에서 가장 중요한 양대 산맥이다.

〈오병이어 사건에서 사고 확장을 위한 질문의 예〉

1) 내가 만약 빌립이라면 어떻게 대답했을까?

2) 내가 먹을 양식을 주어야 할 사람은 누구일까?

3) 내 먹을거리도 해결 못한 상황에서 다른 사람의 먹을거리에 신경을 쓸 수 있을까?

4) 나는 오병이어처럼 작은 것을 주님의 역사와 연결시킬 수 있는 눈이 있을까?

5) 나는 음식을 나르며 배우는 것에 대해 관심이 있을까?

6) 나에게 오병이어는 무엇일까?

7) 내 인생에서 디베랴 광야는 어디일까?

표현 전달 능력을 길러 주라

하브루타가 강력한 도구인 것은 틀림없지만 막상 토론을 시도해 보면 쉽지 않다. 학생들은 몇 마디 하면 말이 없어진다. 교사들이 힘들어하는 순간이다. 아이들은 어른들에게 마음 문 열기도 힘들어 하지만 무엇을 가지고 어떻게 이야기해야 할지도 모른다. 이처럼 학생들이 자기표현에 소극적인 이유는 기성세대에 대한 거북함 때문만은 아니다. 이야기할 것이 없기도 하고 표현이 서툴기 때문이기도 하다.

우리나라 부모가 자녀와 대화하는 시간은 평균 27초라고 한다. 그나마도 '공부해라, 휴대폰 그만해라, 씻어라, 일찍 자라' 같은 잔

소리를 빼면 몇 초나 남을지 의문이다. 정말이지 부모와 자녀가 통 대화하지 않고 같은 집에서 살아가고 있는 것이다.

대화(對話)를 한자로 풀이하면 재미있다. '對'는 '대답하다'는 뜻도 있지만 '짝'이라는 뜻도 있다. 대화는 말 그대로 짝과 이야기하는 것이다. 하브루타를 굳이 우리말로 옮긴다면 대화다. 서로 얼굴을 마주보고 대화할 때 축복을 제대로 누릴 수 있다. 때로 글을 통해서도 대화할 수 있지만 얼굴을 보고 대화할 때 고구마 줄기처럼 줄줄이 축복을 캐낼 수 있다.

나는 현대인이 앓는 정서적 질병의 대부분은 얼굴을 보고 지속적으로 대화하는 것으로도 치료가 가능하다고 본다. 얼굴을 보고 이야기하는 것에는 우리가 미처 생각지도 못한 엄청난 비밀이 있다. '말'은 영적인 것이다. 말이 통하게 되면 문제가 해결되기 시작한다. 말이 통하면 모든 인간관계와 관련된 문제는 자연스럽게 해결되고 회복된다. 마음속에 쟁여 둔 말을 하는 것만으로도 치유가 일어난다.

하브루타에서 종종 교사가 말을 많이 하는 경우가 있는데 피해야 할 태도다. 특히 초기라면 더욱 그렇다. 학생이 편안하게 말할 수 있도록 분위기를 만들어 주고 도와주는 것만으로도 훌륭한 교사다.

하지만 말을 많이 한다고 해서 소통을 잘하는 것은 아니다. 말을 많이 해야겠지만 무슨 소리인지 알아듣기 힘든 말은 듣기가 어렵다. 횡설수설하는 말은 오히려 소통에 방해가 된다.

하브루타 전문교육사 공부를 할 때의 일이다. 어느 젊은이가 대구 거리에 돈을 뿌린 사건을 두고 '주운 돈을 돌려줘야 하는가, 돌려주지 않아도 되는가'를 주제로 두 그룹으로 나뉘어 찬반 토론을 한 적이 있다. 모두 나름대로 주장을 펴며 열심히 토론했다. 그런데 한 여성이 토론에 참여하지 않고 휴대폰만 만지작거렸다. 수업 시간에 딴짓 하는 것이 보기 안 좋았다. 그런데 한창 토론이 진행되는 중에 그 여성이 갑자기 손을 들고 말했다.

"저기요, 여기 물건법이라는 것이 있는데요…."

휴대폰을 만지작거린 것은 정확한 논거를 찾기 위한 것이었다. 그날 토론을 가장 잘한 승자는 단연 그 여성이라고 생각한다.

토론을 잘한다는 것은 말을 많이 하는 것보다 상대가 잘 이해하도록 표현할 줄 아는 것이다. 또 상대의 이야기를 정확히 듣고 대응하는 것이다. 학생들은 자기 말이 받아들여지지 않으면 쉽게 짜증을 내거나 방관하는 태도로 변한다. 좀 더 적극적으로 자신의 논리를 발전시키고 설득하려 하지 않는다. 학생들뿐 아니라 많은 사람들이 대화하다가 격앙되면 싸우듯이 말한다. 편안하고 부드럽게 말하려는 태도가 필요하다.

대화에는 무엇보다 상대를 존중하는 태도가 중요하다. 하지만 이것은 교과서 같은 말이다. 현장에서 대화는 그렇지 못하다. 교사와 학생의 대화도 그럴진대 자녀와 부모 간의 대화는 말해 무엇하겠는가. 대부분의 가정은 몇 분도 못 가서 윽박지르고 짜증내고 불평하는 목소리가 집 안을 쩌렁쩌렁 울릴 것이다. 말은 많지만 전혀 도움이 되지 않는 말을 우린 참 많이 하고 사는 것이다.

사람들은 보통 평소에는 침묵하다가 문제가 생기면 대화하려 한다. 하지만 감정이 극한으로 치닫고 있다면 대화를 피해야 한다. 그런 상태로 대화해 봐야 싸움밖에 날 게 없다. 싸우고 싶지 않다면 감정이 차분해질 때까지 기다렸다가 대화를 시도해야 한다.

알아듣기 쉽도록 상대의 입장에서 생각하고 의견을 잘 표현한다는 것은 쉽지 않다. 어느 한 순간 대화의 기술을 배워서 되는 것도 아니다. 상대의 말을 듣는 것은 생각보다 훨씬 성숙한 태도가 뒷받침되지 않으면 안 된다. 경청과 표현은 아주 밀접한 상관관계를 가지고 있다. 표현 전달 능력을 기르기 위해 몇 가지를 제안한다.

1. 즐거운 분위기를 만들라

처음에는 의도적으로 격려하며 흥을 돋워 즐거운 분위기를 만들어야 한다. 아이들은 자신의 이야기를 들어주는 교사를 신뢰한다. 교사가 아이들의 이야기를 지속적으로 듣고자 할 때 아이들의 마음이 열리게 된다. 대화는 이때부터 시작된다.

학생들과 토론할 때는 생활 이야기를 주제로 삼는 게 좋다. 주제 토론을 하면 가뜩이나 조용한 아이들이 더 말이 없어진다. 말을 하지 않는 것은 배경지식이 부족해서일 수 있다. 어른들은 활발한 토론을 기대하지만 아이들은 이야깃거리가 없어서 입을 떼지 못하는 것이다. 이럴 때는 스마트폰을 이용해 주제에 맞는 이야깃거리를 수집할 시간을 주면 좋다.

짧은 시간에 이야깃거리를 수집하고 정리하는 방법 중 하나가 마인드맵이다. 생각하는 힘도 키우는 동시에 종류별로 분류하게 만든다. 마인드맵으로 검색한 자료를 분리하고 정리한다면 훨씬 훌륭한 토론을 할 수 있다. 처음에는 힘들어하던 아이들이 점차 숙달되자 다른 부분에까지 마인드맵을 활용했다. 무턱대고 이야기하자고 덤비기보다 아이가 충분히 준비할 시간을 주어야 토론이 활발해질 수 있다.

2. 연령에 맞게 접근하라

표현 능력을 키워 주는 활동 또한 연령에 따라 다르게 접근하는 것이 좋다. 유치부 아이들은 찬양을 활용한다. 가사의 의미를 서로 이야기하고 몸으로 표현하기도 좋은 방법이다. 7세 이하의 아이들은 손발을 움직이는 교육이 좋다. 움직이지 않고 가만히 문제를 푸는 식의 방법은 피하는 것이 좋다. 찬양 가사를 몸으로 표현하면 자연스럽게 내용을 파악할 수 있을 뿐 아니라 마음에 새기고 담게 된다.

3. 기도문으로 정리하게 하라

마지막으로 말씀과 적용과 실천을 기도문으로 정리하게 하는 과정이 필요하다. 하브루타가 지적 나눔에 머문다면 참신한 생각을 접하고 생각지 못한 답을 얻게 되는 매력은 있지만 영성에 메마름을 느끼게 된다. 좋긴 한데 2퍼센트 부족한 느낌을 지울 수 없는 것이다. 그래서 반드시 서로를 위해 기도하는 시간으로 마무리하는 것이 필요하다.

표현 능력을 점검하라

표현 능력은 크게 세 가지가 있다.

첫째, 대화 중 표현 능력이다. 내가 맞다고 주장하기에 앞서 정확한 논거를 제시하고 논리적으로 설명할 수 있어야 한다. 이때 예의를 갖추어 표현하는 것이 중요하다. 상호 존중이 없는 하브루타는 하나님이 바라시는 것이 아니다. 서로를 나보다 낫게 여기고 배움의 소중한 파트너임을 명심해야 한다.

둘째, 마지막에 종합하고 정리해서 표현하는 능력이다. 함께 나눈 이야기와 생각을 정리하지 않으면 발전이 없다. '하나님은 어떤 분이신가, 그런 하나님 앞에서 나는 무엇을 어떻게 해야 하는가'에 대해 종합 정리해야 한다. 종합 정리는 댓글과 그림으로 표현한다. 그림으로 나눈 이야기를 정리하고 댓글로 설명을 요약하여 정리한다. 예쁘게 색을 칠하는 것은 초등학생의 정서발달에 도움이 된다.

7-14세는 가슴이 주로 발달하는 시기다. 경치 좋은 곳에 가면 기분이 좋아지는 것처럼 시각 청각 후각 등을 통해 정서가 발달한다. 또 예쁘게 색칠한 노트는 보관하고 싶은 나만의 성경공부 노트가 된다.

그림으로 정리하는 일은 상당히 많은 이점이 있다. 우선 생각을 분류하여 논리적으로 정리할 수 있다. 그림과 댓글은 하나의 마인드맵이다. 이미지로 정리하면 단순히 글로 정리하는 것보다 훨씬 많은 것들이 정리되고 기억에 남게 된다.

셋째, 실천으로 표현되는 능력이다. 깨달은 말씀을 실천하는 것은 우리가 할 수 있는 하나님 사랑의 표현이다. 그러므로 깨달음이 실천으로 이어질 수 있도록 기도해야 한다. 기도가 빠진 하브루타는 또다시 머리만 키울 수 있다. 바리새인은 하브루타에 능통한 사람들이었다는 사실을 잊지 말아야 한다. 토론을 통해 키워지는 논리력은 양날의 칼과 같다. 잘못된 논리는 난공불락이 되어 변화를 더 어렵게 만들 것이다. 그래서 늘 성령님의 도우심을 구하는 자세가 필요하다.

실천이 제대로 이뤄졌는지는 다음 시간에 점검하고 다시금 강조해야 한다.

09

하브루타 성장판을 자극하라

얼굴을 마주보고 눈을 보며 이야기하라

아이들은 이상하게 뛰어다닌다. 뒤뚱거리면서도 천천히 걸어 다니지 않고 뛰어다닌다. 그런데 아이들이 이렇게 뛰어다니는 것이 좋다고 한다. 그래야 성장판을 자극해서 키가 자라기 때문이다. 하브루타에도 성장판이 있다. 성장판 포인트를 교사가 자극해 주면 아이들의 생각과 토론 실력이 쑥쑥 자란다.

생각을 키우고 인성을 키우는 성장판은 의외로 아주 단순한 데 있다. '얼굴을 마주보고 말하는 것'이다.

우리는 날마다 말을 듣고 살지만 실상은 잘 듣지 않는다. 경청은 입에서 나오는 물리적 소리 뒤편에 있는 마음의 소리를 듣는 것이다. 오랜 시간 부부학교를 하면서 알게 된 것이 있다. 대부분의 아내들은 남편이 자기의 마음을 몰라줘서 서운하다고 말한다. 아내들의 말을 듣다 보면 남편들에게 바라는 것이 이심전심이다. 다르게 표현하면 말하지 않아도 알아서 아내의 마음을 알아주고 알아서 행동해 달라는 것이다. 그런데 자신도 잘 모르는 여자의 마음을 어떻게 남편이 알 수 있겠는가?

우리 부부는 결혼한 지 18년이 되었다. 아직까지 부부 싸움을 한 적이 없다. 이심전심으로 마음이 통해서가 아니다. 미리 알아서 행동해서도 아니다. 우리 부부가 싸우지 않는 이유는, 서로 존댓말을 사용하고 수시로 하고 싶은 말을 하기 때문이다. 신혼 때 외에는 특별히 대화를 위한 시간을 마련한 적이 없다. 수시로 티타임을 갖고 사소한 것들까지 다 이야기한다. 소소한 대화가 많을수록 오해가 없다. 오해가 없으니 당연히 싸움이 적다.

하나님이 인간에게 주신 최고의 축복은 말이다. 말만큼 영적인 것도 없다. 말로 소통할 수 있다는 게 얼마나 대단한 일인가. 그런데 우리는 때로 말없이 소통되기를 원한다.

부부사역을 하면서 느낀 것이 있다. 부부 사이가 원만하지 않을수록 말로 설명하려 하기보다 이심전심으로 알아주길 바란다는 것이다. 하지만 정작 본인은 배우자가 그 어려운 정답을 쉽게 찾도록 미리 말로 설명해 주는 배려가 없다.

한국인은 신앙생활도 이심전심으로 하려 한다. 말로 하는 것은 수준이 낮거나 영적이지 않다고 생각하는 경향이 있다. 하지만 성경 말씀으로 서로 이야기하고 토론하다 보면 참으로 넓고 깊게 하나님의 마음을 알게 된다. 그런데 그런 기본적인 방법은 무시하고 오직 텔레파시 같은 신비한 방법으로 하나님의 음성을 들으려 한다. 하나님은 성경 말씀으로 당신의 뜻을 알리시는데 사람은 굳이 초자연적 음성을 듣기 원하는 것이다.

우리는 말을 하고 사니까 말을 잘한다고 생각하지만, 실상은 자기 생각을 상대에게 잘 전달하지도 전달 받지도 못한다. 말을 잘 못하는 것이다. 인격이 성숙되지 않으면 말은 거칠고 예의도 없고 배려도 없다. 그래서 말로 소통하려면 상당한 내공이 필요하다. 훈련이 필요한 것이다.

현장에서 학생들을 보면 친구의 마음을 살피는 것은 고사하고 다른 사람의 말을 잘 듣지 않는 모습을 본다. 한번은 찬반 토론을 위해 각자 준비하는 시간을 가졌다. 자료를 찾아 정리하고 상대 진영의 주장을 예상해서 대비하도록 한 것이다. 그런데 막상 찬반 토론에 들어가자 놀라운 현상이 벌어졌다. 상당수의 아이들이 상대의 주장은 듣지 않고 자기가 준비한 변론 내용만 이야기한 것이다. 대화의 상대가 확대되자 아이들은 듣지 않았다. 짝 토론에서는 발견하지 못한 모습이었다.

상대의 얘기를 듣지 않으니 당연히 배려도 하지 않았다. 아니 할 수 없었다. 여기서도 대면능력의 부재를 느낄 수 있었다.

어려서부터 어린이집에 맡겨진 아이가 교사의 얼굴을 몇 번이나 볼 것 같은지 생각해 보라. 젊은 엄마들은 아이의 얼굴보다 스마트폰을 더 많이 들여다본다. 아이들은 자라면서 인터넷, TV, 스마트폰에 많은 시간을 할애한다. 학교에 가면 칠판만 쳐다보고 집에서는 식사하면서도 TV를 본다. 얼굴을 보아야 상대의 감정을 알 텐데 좀처럼 얼굴을 보지 않는다. 공감능력, 대면능력이 떨어질 수밖에 없다.

공감능력이 거의 없는 사람이 사이코패스다. 상대의 아픔이 느껴지지 않으니 왕따를 시키고도 죄책감이 없다. 우리가 지금 아이들을 얼마나 위험하게 키우고 있는지 경각심을 가져야 한다. 많은 청소년들이 정신과 치료를 받고 있다. 대면능력, 소통능력을 키우지 않으면 정말이지 우리 사회가 얼마나 심각해질지 알 수 없다.

생각해 보라. 세상의 어떤 동물도 자식과 '까꿍놀이'를 하지 않는다. 오직 인간만이 태어난 아기의 얼굴을 보고, 눈을 마주치며 감정을 교감한다. 그것이 세상의 어떤 동물보다 나약하게 태어난 인간이 세상을 지배하고 다스릴 수 있는 힘이다. 눈을 보고 얼굴을 보고 대화할 수 있다는 것은 어마어마한 하나님의 축복이다.

누림교회는 그동안 예배 시간에 설교 내용을 노트에 기록하는 훈련을 해왔다. 그나마 그런 훈련을 해서 조금 나을지는 모르나 남의 말을 잘 듣지 않기는 피차일반일 것이다. 아이들이 받아 적은 노트의 내용에 대해 피드백을 한 적이 없기 때문이다. 자세히 들여다보지 않고 적는 것 자체로 만족한 우리의 실수였다.

학생들은 교사의 대응에 따라 태도가 크게 달라진다. 심리적 요소가 크게 작용하는 것이다. 교사는 어떻게 해야 학생의 입을 열 수 있는지를 알아야 한다. 학생의 입에서 말을 끌어내고 제대로 말할 줄 알게 하고 스스로 성장하도록 도와야 한다.

인간은 태어나면서부터 부모의 얼굴을 보고 감정을 교감한다. 감정을 주고받음으로써 인간은 성장하기 시작한다. 감정을 주고받기에 생존을 위한 정보 교환을 넘어서는 소통의 욕구가 생겨난다. 이러한 욕구가 말로 소통하게 만들고 사회 문화를 발전시킨다.

오늘날 우리가 겪고 있는 수많은 갈등과 아픔은 얼굴을 보고 이야기하지 않아서 생겨난 것들이 많다. 정서적으로 문제가 있어 보이는 아이들을 보면 부모가 얼굴을 마주하고 이야기하지 않는다는 특징이 있다. 반대로 수개월 얼굴을 보고 하브루타한 학생들은 학교나 가정에서 인간관계가 좋아졌다는 소리를 자주 듣는다. 얼굴을 보고 대화하다 보면 상대의 감정을 알 수 있다. 타인의 감정을 느끼니 자연스럽게 반응하고 배려하게 된다. 소통의 능력이 커지는 것이다. 그것은 곧 인간관계를 좋게 만들 수 있는 능력이다.

훌륭한 코치가 있어야 선수가 자기 잠재력을 온전히 발휘하는 것처럼, 부모나 교사는 아이들의 훌륭한 코치가 되어야 한다. 하브루타에서 교사는 선생이 아니라 멘토이자 코치여야 한다. 학생이 신이 나서 떠들게 만드는 응원단장이 되어야 한다. 시의적절한 대응은 생각보다 짧은 시간에 많은 변화를 유도한다. 교사가 어떤 역할을 하느냐에 따라 학생들의 학습 태도나 결과에 큰 영향을 미친다.

그런 점에서 하브루타에서 교사와 학생의 관계가 친밀해야 한다. 친밀하고 좋은 관계는 마음과 마음이 이어질 때 가능하다. 교사가 학생을 향한 마음이 크다 해도 전달이 안 되면 아무런 소용이 없다. 마음을 전달하는 가장 좋고 빠른 길은 얼굴을 마주보고 이야기하는 것이다.

하브루타에서 얼굴을 마주보고 대화하는 것이 곧 성장판이다.

질문을 만들기 위한 다양한 접근법

질문은 하브루타의 핵심이다. 질문의 수준을 높이는 것이 곧 삶의 모든 면에서 수준을 높이는 것이다. 질문의 방향이 학습의 방향이며 질문의 수준이 교육의 수준이다. 그런데 수준 있는 질문을 하려면 그만큼 배경 지식이 있어야 한다. 많이 알아야 고등한 질문을 할 수 있다. 질문하는 것에 자신감이 생기면 학습과 인생에서도 자신감을 가질 수 있다.

질문을 만들어 보라고 하면 아이들의 눈빛이 흔들린다. 생각을 쥐어짜려니 힘들어서 갑자기 딴청을 피우기도 하고 짜증을 내기도 한다. 심지어 우는 아이도 있다. 질문을 만들라니까 하긴 해야겠는데 마음대로 되지 않아서 우는 것이다.

초기에 우리는 아이들의 이 같은 반응을 보고 적잖이 당황했다. 학교도 아니고 교회에서 아이들이 은혜는커녕 힘들어하니까 당황스러운 것이다. 그러나 아이들이 힘들어하는 것을 두려워해선 안 된다. 교사가 옆에서 질문을 만들어 주고 아이가 한 것처럼 속여서도 안 된다. 힘든 게 당연하다고, 힘든 게 잘못된 게 아니라고 말해 주어야 한다. 그리고 힘들더라도 도전하는 것이 용기 있는 행동이라고, 너도 잘할 수 있다고 격려해야 한다. 교사는 아이들이 힘들지 않게 해주는 사람이 아니라 힘든 것을 극복하도록 도와주는 사람이다.

처음에는 교사가 표본 질문을 몇 개 보여 주면 좋다. 시간이 지날수록 아이들은 질문 만들기를 힘들어하지 않을 뿐 아니라 좋은 질문을 만들게 된다.

사람들은 일반적으로 상식에는 의문을 품지 않고 받아들인다. 하지만 당연하게 받아들여지는 것에 의문을 품으면 많은 것을 얻을 수 있다. '왜 새들은 하늘을 날 수 있을까?'를 질문해서 비행기를 만들 수 있었고, '저 수평선 끝은 지구 끝일까?'를 질문해서 신대륙을 발견할 수 있었다. 당연하게 여긴 것에서부터 질문을 시작하라. 위대한 발견을 하게 될 것이다.

또 뒤집어 생각해서 질문을 만들어도 좋은 질문이 된다. '하라'는 '하지 않으면 어떤 일이 생길까?'로 '하지 말라'는 '하면 어떻게 될까?'로 뒤집어 질문해 보는 것이다. '사랑하라, 주일성수하라, 기도하라'를 '하지 않으면 어떻게 되나?'로 질문했을 때 해야 할 당위를 훨씬 더 설득력 있게 찾을 수 있다.

다음은 질문을 만들 수 있도록 돕는 네 가지의 질문 내비게이션이다.

1. 단어의 뜻과 의미를 묻는 질문하기

앞서 밝혔듯이 단어의 뜻과 의미를 찾아보는 것만으로도 좋은 질문이 된다. 모르는 단어는 물론이고 알고 있다고 생각했던 단어의 의미를 좀 더 깊이 있게 알게 된다. 이는 소통에 있어서도 중요한 요소이며, 글을 이해하는 데도 큰 도움이 된다.

〈오병이어 사건에서 단어의 뜻과 의미를 묻는 질문의 예〉

> 날이 저물어 가매 열두 사도가 나아와 여짜오되 무리를 보내어 두루 마을과 촌으로 가서 유하며 먹을 것을 얻게 하소서 우리가 있는 여기는 빈 들이니이다
>
> Late in the afternoon the Twelve came to him and said, "Send the crowd away so they can go to the surrounding villages and countryside and find food and lodging, because we are in a remote place here."(눅 9:12, NIV)

질문 1. 사도의 뜻은 무엇일까?

사도는 한자어로 使(좇을 사)와 徒(무리 도)의 합성어다. 사도가 무엇이냐는 질문에 아이들은 "사도 세자?" 했다. 전체 글 내용과 단어를 연관시키지도 않는 것이다.

질문 2. 마을과 촌은 어떻게 다른가?

질문 3. "유하며"는 무슨 뜻일까?

영어성경은 lodging이라고 번역하는데, '임시 숙소'라는 뜻이다.

질문 4. 왜 집으로 가라 하지 않고 마을에 가서 유하라고 했을까?

2. 마음과 감정을 알아보는 질문하기

글이 주려는 메시지와 교훈을 찾기 위해서는 등장인물들의 감정을 아는 것이 중요한다. 발생한 사실(fact)을 전하는 것은 뉴스다. 감정을 파악하는 질문은 제시된 글에 숨을 불어넣는 것과 같다. 성경 하브루타에서는 하나님의 뜻, 성품, 의도, 명령, 감정 등을 찾는 것이 매우 중요하다.

〈오병이어 사건에서 감정을 알아보는 질문의 예〉

질문 1. 제자들이 식사를 해결하기 위해 마을 주변에 머물게 하자고 했을 때 예수님의 마음은 어떠했을까?

질문 2. 만 명에게 음식을 나르는 동안 제자들의 마음은 어떠했을까?

3. 말과 행동의 의도, 상징을 알아보는 질문하기

성경 하브루타에서 의도를 파악하는 질문은 더욱 빛을 발하게 된다. 주님의 말씀과 행동의 의도를 파악하는 것은 주님의 성품과 뜻을 발견할 수 있게 한다. 의도와 상징을 묻는 질문은 본문이 전하고자 하는 중심 메시지에 한층 가까이 다가가도록 만든다.

〈오병이어 사건에서 말과 행동의 의도를 알아보는 질문의 예〉

질문 1. 예수님은 누구를 위해 오병이어의 기적을 일으키셨을까?

질문 2. 예수님은 왜 빌립을 시험하려 하셨을까?

4. 자기 생활과 연결하는 질문하기

말씀을 자신의 생활과 연결 짓지 못하면 성경은 단순히 정보를 습득하는 책에 불과하다. 또 적용과 실천이 없는 성경 읽기로는 살아 계신 하나님을 만날 수 없다.

〈오병이어 사건에서 자기 생활과 연결하는 질문의 예〉

질문 1. 나는 누구에게 먹을 것을 주어야 할까?

질문 2. 내가 실생활에서 줄 수 있는 빵은 무엇일까?

질문 3. 내가 먹을 것도 없는 상황에서 다른 사람의 먹을 거리를 돌아볼 수 있을까?

질문 내비게이션은 하브루타를 하는 성도들에게 오아시스 같은 역할을 했다. 하지만 이 네 가지 접근법이 당연히 전부는 아니다. 무궁무진한 질문의 접근법을 개발해야 할 것이다.

10

하브루타 교사가 지켜야 할 것

칭찬 리액션으로 춤추게 하라

처음 하브루타를 접하는 학생들은 여러 가지 어려움에 직면하게 된다. 학생들은 생각보다 답 중독에 빠져 있어서 답이 명확히 드러나야 안심했다. 또 좋은 생각을 발견하고서도 남의 시선을 의식해서 자신 있게 발표하지 못했다. 글이나 말보다 그림으로 주로 표현하는 저학년도 친구를 의식하기는 마찬가지였다. 물고기를 그리라고 했을 때 옆 친구가 붕어를 그리면 자기도 붕어를 그리고, 친구가 수초를 그리면 자기도 수초를 그려 넣었다. 자신이 상상한 그림이 아니라 정답 같은 그림을 그리는 것이다.

답 중독은 자연스럽게 경쟁으로 연결된다. 내가 더 멋진 생각을 말해야 할 것 같기 때문이다. 어떻게 보면 그렇기 때문에 더 활기차게 이야기할 것 같지만 현장에서는 반대의 현상이 나타난다. 무식하고 저능해 보일까 봐 말문을 열지 못하는 것이다.

그래서 교사의 역할이 중요하다. 교사가 모르는 것이 부끄러운 게 아니라는 것을 몸소 보여 주고, 모르는 것을 인정할 때 용기 있다고 칭찬해 주면, 아이들도 용기를 내기 시작한다.

"어! 나도 몰랐는데, 재밌는 이야기네. 더 설명해 줄래?"

"이야, 그렇게도 볼 수 있구나!"

또한 교사는 학생의 변화를 보고 바로 리액션을 해주어야 한다. 이때 잘못된 칭찬은 오히려 아이들을 망칠 수 있으므로 조심해야 한다.

예를 들어 보겠다. 아이들이 어렸을 때 가장 많이 듣는 소리가 "우리 딸이 제일 예쁘다", "우리 아들이 제일 멋있다"일 것이다. 하지만 초등학교 4, 5학년만 돼도 부모의 이 말이 진실이 아님을 알게 된다. 이때부터 아이들은 어른들이 하는 '예쁘다, 멋있다'는 칭찬은 무언가 의도가 있는 칭찬이라고 이해한다.

'예쁘다, 멋지다' 같은 막연한 칭찬은 아이들에게 신뢰를 주지 못한다. 대신 아이의 행동에 근거를 둔 칭찬은 기쁘게 받아들인다. 가령 "우리 딸은 미소가 참 예쁘네", "동생을 보살피는 것을 보니 약자를 배려할 줄 아는 멋진 녀석이네" 같은 말은 고래도 춤추게 하는 바람직한 칭찬이다. 이런 칭찬을 듣고 자란 아이는 자신은 물론 타인을 신뢰하게 된다.

칭찬과 리액션을 굳이 구분한다면, 리액션은 행동과 태도, 말 등에 근거를 두고 반응하는 칭찬이라고 할 수 있다. 막연한 칭찬은 오히려 역효과를 내기 쉽다.

하브루타에서 교사의 리액션은 엄청난 힘이 있고 효과를 끌어낸다. 학생이 자기만의 생각을 표현했을 때 리액션을 해주어야 한다. 리액션은 아이의 발전과 변화를 구체적으로 언급하면서 격려하는 것이다. 아이의 행동 변화를 구체적으로 언급하며 칭찬해 주면 아이는 그런 행동을 계속하게 된다. 그러면 계속해서 발전하게 되는 것이다.

그런데 칭찬할 때는 다른 사람과 비교해선 안 된다. 아이로 하여금 지금은 나를 칭찬하고 있지만 다른 사람 앞에서는 흉볼지도 모른다는 불안감을 갖게 하기 때문이다. 교사에 대한 신뢰도가 떨어지는 것이다. 대신 아이의 예전 모습과 비교하면 긍정적인 자극이 된다.

어떤 아이들은 자기 생각을 표현할 때 시간이 많이 걸린다. 적극적이지 않아서가 아니라 골똘히 생각하느라 그렇다. 이때 교사의 기다림도 리액션이다.

아이들의 특성에 맞는 리액션을 해주면 아이들은 숨은 역량을 발휘하게 된다. 그래서 교사는 말과 행동으로 할 수 있는 리액션 방법을 몇 가지 갖고 있어야 한다.

< 꿈지락 교사들이 사용하는 리액션들 >

1) 가볍게 하이파이브한다.

2) 주먹으로 하이파이브한다(남자 청소년에게 효과적).

3) 엄지손가락을 들어 보여 최고라고 해준다.

4) 눈을 크게 뜨고 "오~ 대박" 한다.

5) "어떻게 그런 생각을 했지?"

6) "나도 못 해본 생각인데!"

7) "80퍼센트는 성공했다. 우리 좀 더 잘해 보자!"

8) "오~ 쩔어!"

9) "깊이 생각하는구나!"

10) 학생의 말을 반복해서 표현해 준다.

11) 물개박수

12) 하트 날리기.

13) 손으로 총 쏘기.

14) 양손 하이파이브.

15) 흐뭇하게 미소 지어 주기.

몸에 익지 않아서 처음엔 힘들겠지만 오버한다 싶을 만큼 리액션을 하는 것이 좋다. 그러면 조만간 자연스러워질 것이다.

리액션이 몸에 배면 교회 전반에도 긍정적인 효과를 미친다. 교회학교에서뿐 아니라 교회 내 공동체에서도 리액션을 하기 때문이다. 그러면 교회 분위기가 밝아진다.

가르침 중독에서 벗어나라

본격적인 토론이 시작되면 교사들에게서 드러나는 문제가 있다. 가르침 중독이다. 교사는 학생들에게 교훈을 주어야 할 것 같은 중압감을 갖는다. 멀리서 보면 활발히 토론하는 것 같지만 교사들의 말이 많아지고 목소리 톤이 올라갈수록 아이들은 마음을 닫는다. 교사와 친밀한 관계가 형성되어 있어서 아이들이 마음의 문을 닫지 않는다 해도 가르치려 드는 것은 문제다.

가르침 중독은 아이들 스스로 해답을 찾는 힘을 빼앗는다. 직접적으로 답을 주는 것은 아무리 친절해도 아이들의 자기주도 학습 능력을 떨어뜨린다. 스스로 음식을 섭취하지 않고 영양분을 링거 수액을 통해서만 공급한다면 어떻게 되겠는가? 결국 위장 기능이 약해져서 건강에 심각한 위험을 초래할 것이다.

내가 열심히 가르치면 아이들도 배울 것이라고 생각하지만 그렇지 않다. 배우고자 하는 마음이 없으면 아무리 열심히 가르쳐도, 아무리 유익한 가르침이라도 소용이 없다. 소극적인 태도를 보이는 아이들에게 아무리 부드럽게 열심히 하자고 설득해도 소용이 없다. 자기 발전에 관심이 없는 아이들, 성경에 관심이 없는 아이들에게 성경을 가르치려 들면 부작용만 일으킬 뿐이다.

먼저 아이들 스스로 흥미를 갖는 것이 급선무다.

누구나 나름대로 가치관을 가지고 있다. 가치관을 쉬운 말로 바꾸면 '무엇을 가치 있게 여기는가' 정도일 것이다. 더 쉬운 말로 하면 '무엇을 좋아하는가'이다. 사람은 머릿속에서 내가 좋아하고 가치 있다고 생각하는 것과 마음속에서 가치 있다고 생각하는 것이 다를 때가 많다. 머릿속 가치관은 주로 책이나 남이 하는 말을 귀로 듣고 배운 것이다. 하지만 마음속 가치관은 부모나 교사의 행동을 눈으로 보고 배운 것이다. 가까운 사람일수록 내 가치관을 형성하는 데 큰 영향을 미친다.

내가 총각 때의 일이다. 인도 오지에서 선교하는 나를 사람들은 "정말 가장 영광스러운 일을 하고 계시네요. 최고로 복된 일을 하고 있습니다" 하고 치켜세웠다. 하지만 그분들이 내게 결혼 상대자를 소개할 때는 자신의 딸을 배제했다. 머리로는 선교가 가치 있다고 생각하지만, 마음으로는 선교보다 편안한 삶을 더 좋아하는 것이다. 머릿속에서 좋아하는 것과 마음속에서 좋아하는 것이 이렇게 다르다. 사람의 말과 행동이 다른 이유가 여기에 있다.

한 가지 예를 더 들어 보겠다. 아버지는 입담이 참 좋으신 분이었다. 내가 어렸을 때 종종 흡연에 대해 여러 말씀을 해주셨다. 나는 그 말씀을 들으며 실제로 숨이 차는 것처럼 힘들어서 절대 흡연하면 안 되겠다고 생각했다. 그런 내가 군대에 가서 담배를 피우기 시작했다. 그것도 많이 피웠다. '남자가 담배 한 대 못 피우느냐?'는 객기도 있었지만 이상하게 힘들고 화가 나면 나무 그늘에 서서 담배를 피우고 싶었다. 평소 아버지가 화가 나거나 힘든 일이 있으면 밤나무 밑에서 담배를 피우곤 하셨다. 아버지가 담배를 피우며 분노를 조절하는 것을 보고 자란 것이다. 머릿속에서는 금연이 좋다고 생각했지만 마음속에서는 흡연이 좋다고 생각했던 것이다.

하브루타에서 가르침 중독이 가장 많이 나타나는 조합은 부모와 자녀다. 이 둘은 감정적 긴장감이 가장 높은 조합이기도 하다. 가르침 중독은 아이가 클수록 부작용이 더 크다.

거의 모든 부모들이 남의 자녀에게는 화도 안 내고 객관적으로 보며 대화를 잘 풀어 나가는 데 반해, 자기 자녀에게는 감정 조절이 잘 안 된다. 남의 자녀에게는 리액션도 잘하면서 훨씬 더 사랑하고 아끼는 자기 아이에게는 잔소리만 하게 된다. 왜 그럴까? '미래에 대한 염려' 때문이다. 남의 아이의 미래를 생각하면 그다지 무겁지도 않고 염려되지도 않는다. 하지만 내 아이는 염려되고 마음이 무겁다. 부모는 자신이 아이의 미래를 위한 밑거름이 되길 바라기 때문이다. 그래서 모든 대화가 교훈적이 될 수밖에 없다. 심지어 화를 내는 순간에도 미래에 대한 염려와 불안으로 더 화를 내게 된다.

우리는 흔히 교양 없고 거친 사람을 '보고 배운 것이 없는 놈'이라고 말한다. 부모나 교사는 어떻게서든 아이를 가르치려 들지만, 아이는 말의 내용이 아니라 말하는 사람의 태도와 행동을 배운다. 아이가 정말로 무언가 배우기를 원한다면 부모 자신이 호기심과 배우고자 하는 의욕을 보여 주면 된다. 꼭 가르쳐 주고 싶은 것이 있다면 호기심을 갖도록 아이에게 질문하는 것이 훨씬 효과적이다. 아이가 호기심을 갖게 되면 스스로 찾아보고 배울 것이다.

가르침 중독이 무서운 것은 부모나 교사가 자신의 권위를 이용해 다그치고 윽박지를 수 있기 때문이다. 윽박질러서라도 아이가 자신의 가르침을 받아들이게 하고 싶은 것이다.

사실 아이들은 이런 상황에 익숙해 있다. 자녀가 어리면 부모의 이 같은 윽박지름을 침묵하거나 회피함으로써 대응하지만, 머리가 크면 짜증내고 반항하는 것으로 대응한다. 의도하지 않았겠지만, 가르침 중독은 자녀와 더 멀어지게 만든다.

가르침 중독에서 벗어나고 자연스럽게 리액션을 할 수 있다면, 그는 더 이상 하브루타를 배우거나 훈련할 필요가 없다. 당장에 가정에서 하브루타를 해도 전혀 문제가 되지 않을 것이다. 부모나 교사라면 당장에 하브루타를 해도 문제가 되지 않는 능력을 갖추기를 바란다.

질문의 꼬리를 물어라

학생들이 질문하면 교사는 엄청난 양의 답을 쏟아낸다. 하지만 이것은 대화와 배움에 도움이 안 된다. 교사는 먼저 학생의 질문을 구체적으로 파악하기 위해 질문을 다시 던져야 한다. 그러면 학생은 다시 돌아온 교사의 질문에 답하면서 질문의 수준을 높이기도 하고 스스로 답을 찾기도 한다. 그러므로 교사는 학생이 질문하면 바로 대답하지 말고 다시 질문함으로써 학생 스스로 답을 찾아가도록 돕는 역할을 해야 한다.

이것을 '꼬리 물기 질문'이라고 한다. 이 꼬리 물기 질문이 실생활과 밀접하게 연계되면 좋다. 그러면 대화가 탄력을 받아 활발해질 수 있다.

주일 아침, 커피 한 잔이 생각나 휴게실에 잠시 들른 적이 있다. 중등부 아이들이 한쪽에서 분반 성경공부를 하고 있었다. 그런데 그중 교회에 나온 지 얼마 안 된 학생이 내게 대뜸 이렇게 물었다.

"목사님, 하나님은 왜 선악과 같은 것을 만들었을까요?"

아이의 질문에서 내가 받은 느낌은 '하나님은 참 괴팍하다'였다. 나는 대답하는 대신 꼬리 물기 질문을 했다.

"네가 생각하기에 선악과는 무엇을 의미한다고 생각하니?"

"글쎄요…."

"네 질문의 답을 찾기 전에 먼저 선악과가 무얼 의미하는지부터 생각해 봤으면 좋겠다."

이렇게 말하고 11시 예배 준비를 위해 서둘러 자리를 떠났다. 예배 후 점심시간에 그 학생이 다시 날 붙들었다.

"목사님 아까 그거 있잖아요?"

"응? 뭐 말이니?"

"선악과요."

"아 그래. 선악과의 의미가 뭐라고 생각하니?"

"잘 모르겠지만 선악을 판단하는 자격, 뭐 그런 거 아닐까요?"

"오 좋은 생각인데! 그러면 누가 선악을 판단해야 모두에게 좋을까? 혹시 엄마?"

다시 꼬리 물기 질문을 했다.

"안 돼요~ 큰일 나요. 아침이 다르고 저녁이 다른걸요."

"그럼 누가?"

"하나님이 판단하는 세상이 제일 살기 좋은 세상이겠네요!"

"만일 선악을 알게 하는 나무가 없었다고 가정해 보자. 그랬다면 사탄이 아담을 유혹하지 않았을까? 아담은 판단하고 싶은 유혹을 전혀 받지 않았을까? 사실보다 자기에게 좋은 것을 옳다고 판단하는 일이 전혀 없었을까?"

"글쎄요…. 오히려 유혹을 강하게 받았을 것 같은데요?"

"그럼 위험을 알리는 표지판을 만들고 조심하는 것이 좋을까, 아니면 표지판을 보면 생각나니까 없는 것이 나을까?"

“선악과는 아담을 괴롭힌 게 아니네요. 에덴에서 뭐든지 마음대로 할 수 있는 아담을 보호하기 위해서 있었던 거네요.”

“그래. 네가 아침에 한 질문인데, 하나님은 왜 선악과를 만들었을까?”

“선악과는 인간을 행복하게 만들기 위한 사랑 같아요!”

“넌 오늘 신대원 한 학기 공부를 한 거나 마찬가지다.”

그날 난 그 녀석과 그러고도 1시간가량을 더 성경에 대해 대화를 나눴다.

꼬리 물기 질문은 대화에 활력을 불어넣는 힘이 있다. 그런데 꼬리 물기 질문을 할 때는 주의할 점이 있다. 지나치게 꼬리 물기를 하면 마치 취조하는 것 같아서 아이들의 대화 의지를 꺾을 수 있다는 점이다. 늘 강조하지만 기술보다는 진심이 먼저다. 아이들의 호기심을 불러일으키고 스스로 해답을 찾을 수 있도록 도움을 주는 것이 다른 어떤 것보다 우선해야 한다는 것을 잊지 말아야 한다.

말씀이 생활과 연계되도록 하라

사람이 낚시를 좋아하려면 손맛을 보아야 한다. 손맛을 보지 못한 사람은 다시 낚시터를 찾지 않는다. 하브루타도 손맛을 보아야 활성화가 된다.

논리적 생각은 양날의 칼과 같다. 성서시대 바리새인들은 하브루타에 능통한 사람들이었다. 하브루타로 논리적 사고를 갖추게 되면 머리만 큰 괴물이 될 수 있다. 그래서 우리에게는 두 가지 숙제가 있다 할 수 있다.

먼저 진리 위에서 논리력을 갖춰야 한다. 그동안 교회는 과학과 거리 두기를 했다. 신앙 안에서 과학을 해석하고 이해하는 노력이 부족했다. 그래서 성경과 신앙은 과학과 상관없는 것으로 오해하게 만들었다. 과학도 하나님이 주신 지혜다.

두 번째 과제는, 성도들이 머리만 커지는 괴물이 되지 않게 하는 일이다. 머리가 커지는 것은 좋은 일이다. 하지만 커진 머리에 맞게 몸도 커져야 한다. 그렇지 않으면 흉측한 괴물이 되고 만다.

이 숙제를 해결하는 답은 또다시 성경이다. 강론의 핵심은 '이야기하라'와 '익히라'이다. 이야기만 하면 머리 큰 괴물이 되지만 익히면 몸과 마음이 균형 있게 자라게 된다. 하브루타는 말씀 실천 운동이다.

하브루타를 성경적으로 정의하면 (성경을) 이야기하고 (주의 뜻을) 이해하며 (몸에) 익히고 (마음에) 새기는 것이다. 그리고 신명기 6장의 명령, 강론을 가장 효과적으로 하는 방법이 질문하고 토론하는 것이다.

한국인의 대화를 보면 일상생활과 상관없는 말이 많다. 특히 남자들의 정치 이야기가 그렇다. 공부 이야기도 마찬가지다. 학교 다니면서 접한 시, 그림을 자신의 생활과 연관 지어 이야기해 본 경험이 거의 없다. 역사의 교훈을 현재의 삶에 대입시켜 본 경험도 없다. 지식과 생활을 분리하는 것이 몸에 배어서 성경 말씀도 그렇게 습득한다.

생활과 연계되지 않은 지식은 변화를 가져오지 못한다. 지식도 성경 말씀도 생활에 연결되어 질문하고 토론할 때 미래가 밝다. 성경의 내용과 의미를 깨닫는 것도 중요하지만 그 말씀이 생활에서 적용되고 실천되는 것이 더 중요하다.

성경 말씀은 공부하는 지식이 아니다. 우리 삶을 바꾸기 위해 주신 말씀이다. 하나님 말씀은 학문의 대상이 아니라 순종의 대상이다. 말씀을 다림줄 삼아 삶을 돌아보고 말씀의 길을 따라 결단하고 실천해야 삶이 변한다.

말씀이 삶과 연계되는 하브루타를 하려면 먼저 교사가 자기의 경험과 삶을 오픈해야 한다. 말씀이 교사의 삶을 구체적으로 어떻게 인도하고 있는지 말할 수 있어야 한다. 그래야 아이들이 그 모범을 따라 하브루타로 나눈 말씀이 삶에서 적용되고 실천되도록 노력하게 된다.

한국교회가 외면당하는 이유도 크리스천의 삶에서 말씀이 드러나지 않기 때문이다. 말씀이 곧 생활로 연계되는 실천적 노력을 간과하면 머리만 큰 괴물이 되어 세상의 지탄을 받게 된다. 한국교회는 이를 심각하게 받아들여야 한다.

“비슷한 경험을 한 적은 없니?

“주변에서 비슷한 일은 없었니?”

“나라면 어떻게 했을 것 같니?”

생활과 연계된 질문은 말씀의 생명을 자기 생활에 불어넣는 것과 같다. 이때 아이들이 머뭇거리거나 주저한다면 교사가 먼저 자기 삶을 오픈하고 삶에서 말씀이 어떻게 적용되고 실천되는지를 보여 주어야 한다.

11

하브루타 정착을 위한 전략

몇 해 전 텃밭에 농사를 지었다. 서툴렀지만 나름 매우 재미있었다. 그런데 배추를 심었는데 얼갈이를 수확했다. 무는 알타리가 되었고 대파는 쪽파가 되었다. 준비 없이 무작정 농사를 지은 결과다.

하브루타가 좋다고 무턱대고 시작하면 대파를 심고는 쪽파를 수확할 수 있다. 하브루타를 하려면 농사를 짓듯이 먼저 토양부터 잘 가꾸어야 한다. 토양은 성도들의 마음이다. 하브루타를 잘 받아들일 수 있도록 사전에 양분을 공급해서 밭을 부드럽게 만들어 놓아야 한다.

'목사님이 세미나 한번 다녀오면 교회가 힘들어진다'는 말이 있다. 세미나에서 도전을 받고 돌아와선 준비도 없이 교회에 바로 적용하려니 성도들로선 목회자의 말을 따를 수도 따르지 않을 수도 없어서 나온 말이다. 아무리 좋아 보여도 성급하게 접근하면 오히려 부작용만 낳게 된다. 성도들이 충분히 공감하고 비전을 가질 수 있도록 동기를 부여하고 준비시켜야 한다. 파종 후에도 걱정, 부담감 같은 잡초를 끊임없이 제거해야 한다. 기술적 준비는 완벽할 수 없다. 아무리 잘 준비해도 현장에 가면 상황이 바뀐다. 실행하면서 수정하고 배우고 채워 넣어야 한다. 기술은 이해하는 게 아니라 체득되어야 하기 때문이다.

주변의 성도들은 적극 참여자가 아니더라도 기도로 지원하는 토양이 되도록 해야 한다. 찬성하는 수십 명보다 반대하는 한 명이 일을 더 어렵게 만들 수 있다. 경험으로 볼 때 반대하는 사람은 이성적 이유보다는 감정적 이유일 때가 많다. 괘씸죄가 가장 무서운 법이다. 혹시 주변에 반대자가 있다면 찾아가 충분히 설명하고 이해시켜야 한다.

부모와 교사의 토양이 잘 준비되어 하브루타를 시작한다 해도 잡초를 매고 물을 줘야 잘 자라서 열매를 맺는다. 계속해서 열정을 불어넣어야 하는 것이다. 가장 강력한 동기부여로 기도만큼 좋은 것이 없다. 참여하는 학생 한 사람 한 사람의 변화를 관찰하며 기도하는 것이다. 기도 모임만큼 강력한 후원이 없다.

우리 교회는 하브루타를 잘할 수 있게 해달라고 기도하지 않았다. 다만 하브루타를 통해 이루어져야 할 본질을 위해 기도했다. 교사와 학생의 변화와 성장과 같이 본질적인 제목을 가지고 기도한 것이다.

누림교회의 경우, 처음에는 하브루타 교육을 시작할 만한 형편이나 상황이 아니었다. 하지만 오랜 시간 지속적으로 이야기하고 기도하다 보니 모두 하브루타 교육을 당연히 해야 하는 것으로 여기게 되었다. 지나고 보니 하나님의 절묘한 섭리였다. 처음부터 하브루타 시작을 결정하고 기도했다면 반대하는 목소리가 나왔을 것이다. 사람은 본래 갑작스런 변화를 불편해한다. 하지만 변화에 대한 필요성을 계속 강조하고 교회 교육의 변화와 자녀를 위해 기도하다 보니 자연스럽게 하브루타가 변화를 위한 응답이 되었다.

풀뿌리 운동을 하라

많은 교회들이 새로운 프로그램을 도입할 때 먼저 세미나를 열어 소개하려고 한다. 하지만 세미나는 동기부여의 시작이 아니라 결론이 되어야 한다. 다시 말해 세미나를 열기 전에 하브루타 교육에 대해 성도들에게 충분히 소개해야 한다. 때론 사석에서 때론 공석에서 하브루타에 대해 충분히 알려야 한다. 세미나를 통해 하브루타를 처음 듣게 해서는 안 된다. 아무리 뛰어난 강사라도 모두를 이해시킬 수는 없다. 인터넷을 통해 동영상을 보여 주거나 책을 소개하는 등 다양한 접근을 통해 성도들에게 정보를 제공해 주어야 한다. 그래서 성도들 각자가 그것을 충분히 생각해 본 뒤 세미나에 참여하는 것이 좋다. 그럴 때 세미나가 고민의 시작이 아니라 결론이 된다.

하브루타를 정착시키기 위해 가장 먼저 할 것은 실제로 필요를 느끼는 동역자를 찾는 일이다. 나는 하나님이 교회에 새로운 일을 하실 때는 반드시 준비된 성도를 예비하신다고 확신한다. 성도들과 개별적으로 만나 대화하면서 하나님이 그 비전과 열정을 누구에게 주셨는지를 살펴야 한다.

많은 경우 새로운 것에 매료되면 교회 전체가 그 일을 할 수 있도록 바뀌기를 바란다. 그러나 그것을 잘 모르는 사람이 별 반응을 보이지 않는 것은 당연하다. 만일 성도가 하브루타를 알게 되어 교회에 정착시키고 싶다면, 자기에게 주어진 영역 안에서 먼저 시도해야 한다. 목사님이 지원해 주지 않는다, 장로님이 이해하지 못한다고 탓해서는 안 된다. 충분한 정보도 없이 말 몇 마디에 적극 동참자가 되는 리더는 없다. 마치 풀뿌리 운동처럼 찬찬히 터를 닦아나가겠다는 각오로 작은 것부터 시작해야 한다. 자신이 섬기는 주일학교 안에서나 구역 안에서 소개하고 시행해 보는 것이다.

누림교회는 목사인 내가 먼저 히브루타를 접하고 시작했으니 시스템적인 문제는 없었다. 하브루타를 이해하는 성도를 찾았고 그분들을 중심으로 하브루타 교사를 구성했다. 지금은 그분들이 교회 변화에 큰 동력이 되고 있다. 동역자를 먼저 찾는 일은 너무나 중요하다.

하나님이 누구에게 열정을 주셨는가를 보아야 한다. 힘들고 어려워도 지속적으로 함께 걸어갈 수 있는가를 보아야 한다. 절대로 구색 맞추기로 교사를 모집해서는 안 된다. 오히려 걸림돌이 될 수 있다. 하나님은 절대로 한 사람이 모든 것을 감당하게 하시지 않는다. 반드시 사람을 준비시키셔서 합력하여 선을 이루게 하신다.

하브루타 세미나는 여건이 어렵더라도 외부 강사를 초청하는 것이 훨씬 효과적이다. 외부 강사를 통해 하브루타를 소개 받으면 성도들은 그동안 듣고 나눴던 이야기가 정돈되면서 그것에 대해 믿음을 갖게 된다. 목회자가 직접 하면 그동안 했던 이야기의 반복이기에 오히려 효과가 반감될 수 있다. 외부 강사는 인터넷에서 하브루타선교회를 검색하고 연락하면 도움을 받을 수 있다.

세미나 후에는 그 열기를 가지고 곧바로 해야 할 일이 있다. 동기부여가 확실히 된 성도를 교사 그룹으로 즉각 끌어들이는 것이다. 즉시 교사 훈련 또는 실습 그룹을 만들고 하브루타를 경험하게 해야 한다. 누림교회는 오후예배 시간에 하브루타를 실습했다. 덕분에 많은 성도가 하브루타의 효과를 느낄 수 있었고 성도들이 하브루타를 지원하고 응원하는 결과를 가져왔다.

세미나는 하루이지만 세미나 전후를 잘 준비하고 대처해야 한다. 그런데 나는 솔직히 이렇게 자세히 이해하고 계획해서 실행한 것은 아니었다. 하나님의 도우심이었다. 지나고 나서야 하나님의 인도하심이었음을 보게 된 것이다. 사람이 계획할지라도 그 길을 인도하시는 이는 여호와이시라는 것을 절실히 느꼈다. 여호와의 인도하심은 생각보다 훨씬 더 세밀하고 정확하시다. 누림교회가 짧은 시간 안에 별다른 갈등 없이 하브루타를 정착시킬 수 있었던 것은 전적으로 하나님의 도우심이었다.

교사가 먼저 체험해야 한다

교사가 하브루타에 대해 동기부여가 되었다면, 그 다음은 하브루타 실습 교육을 하면 좋다. 누림교회는 입문반에서 가르칠 과정을 가지고 실습했다. 교사가 먼저 손맛을 봐야 한다. 교사도 처음 하는 일이라 직접 해보지 않으면 무엇을 어떻게 해야 할지 모른다. 아무리 필요성을 인지했다 해도 전혀 새로운 방식을 현장에서 적용하려면 무엇보다 체험이 필요하다. 그렇지 않으면 막상 수업을 진행하면서 우왕좌왕할 수 있다. 학생들은 교사가 허둥지둥할 때 신뢰감을 잃는다. 신뢰는 교육의 가장 큰 에너지다.

앞에서 소개한 하브루타 내비게이션을 철저히 숙지하도록 훈련시켜야 한다. 이때도 주입식이 아니라 실습으로 직접 경험해서 숙지하도록 해야 한다.

누림교회는 두 사람은 토론하고 한 사람은 관찰자가 되어 하브루타 내비게이션이 잘되고 있는지를 관찰하는 훈련을 했다. 물론 처음부터 그런 건 아니었다. 덕분에 시행착오를 겪었고 나중에 합류한 교사들은 초기 교사들의 시행착오를 발판으로 좀 더 쉽게 안착할 수 있었다.

교사 교육을 하면서 내가 했던 실수가 있다. 대화로 소통하는 교육을 하겠다면서 정작 교사 교육을 주입식으로 한 것이다. 주입식 전달 교육은 교사들을 크게 변화시키지 못한다. 우리는 누구보다 주입식 교육이 몸에 밴 사람들이라 대화로 소통하는 교육 방식을 경험한 적이 없다. 그러니 교사가 먼저 체험으로 배우고 익혀야 한다. 최고의 랍비는 직접 설명하지 않는다고 한다. 더 깊이 생각하도록 유도하는 화두를 던질 뿐이다. 하브루타 교사도 그래야 한다.

교사는 성경을 가르쳐야 한다는 부담감이 크다. 하지만 하브루타는 가르쳐야 한다는 부담감이 상대적으로 적다. 그렇다고 교사로서 부담감이 적은 것은 절대 아니다. 오히려 이전보다 훨씬 더 많이 준비해야 한다. 아이들의 생각과 질문이 어디로 튈지 모르니 미리 준비하지 않으면 안 되는 것이다.

하브루타를 하면 아이들의 생각과 마음을 스캔하듯이 보게 된다. 그런 까닭에 교사는 아이들을 향해 안타까운 마음이 생기고 더 잘 인도하고 싶은 열정을 갖게 된다. 그런 점에서 하브루타 교회학교를 하면서 받은 가장 큰 축복은 좋은 교사를 얻게 된 것이다. 하브루타는 더욱 참된 교사로 세워 간다.

가정 하브루타도 마찬가지다. 처음에는 자녀의 신앙을 바르게 세우겠다는 목적을 가지고 시작하지만, 계속 하다 보면, 부모의 신앙이 견고하게 세워진다. 대부분의 부모와 교사는 어린 학생과 자녀들 앞에서 한 말을 지키지 않을 수 없다고 입을 모은다. 말씀을 삶으로 옮기는 훈련을 하게 되니 부모와 교사의 신앙이 자랄 수밖에 없다. 그런 점에서 하브루타는 부모와 교사를 제자 만드는 제자 훈련이라 해도 과언이 아니다.

보고서를 활용하라

모든 일의 시작은 관찰이다. 학생들을 지도하는 일도 가장 먼저 그들을 주의 깊게 관찰하는 것으로 시작되어야 한다. 관찰 항목은 학생들이 무엇을 배우고 어떻게 성장할 것인가를 염두에 두고 정하면 된다. 흔히 어려서는 노는 것이 좋다고 말한다. 맞는 말이다. 그런데 부모나 교사마저 생각 없이 놀아선 안 된다. 교사는 분명한 방향성을 가지고 있어야 한다.

핀란드의 유치원 교육을 담은 영상을 본 적이 있다. 특별한 교육 모형이나 교육 계획서 같은 것은 없었다. 하지만 교사들은 무엇을 가르쳐야 할지 분명히 알고 있었다. 교사는 안전하지 않다고 판단되거나, 남에게 피해를 주는 행동이라고 판단하면 절대 허용하지 않았다. 다 같이 노는 것 같지만 교사는 거기에 분명한 질서와 규칙을 부여하고 있었다.

하브루타도 학생의 관심사를 존중해야 하지만 분명한 교육 방향이 있어야 한다. 분명한 관찰 항목을 정하고 학생 개개인에 대한 보고서를 기록해야 한다. 이때 보고서는 누군가에게 보여 주고 보고하기 위한 것이 아니라 교사가 학생을 좀 더 잘 관찰하기 위한 것이다. 관찰 보고서를 작성하면 교사는 자기 반 학생들에 대해 한 번 더 깊이 생각하게 되고, 각자의 개성에 따른 맞춤형 교육을 할 수 있게 된다.

파일은 두 가지로 준비한다. 학생이 학습한 내용을 보관하는 파일과 교사가 학생들을 관찰한 내용을 보고하는 파일이다. 총괄 인도자(목회자)는 교사의 보고서에 피드백을 남긴다. 보고서가 하나의 소통 수단이 되도록 활용하는 것이다. 목회자의 피드백은 교육의 핵심을 짚어 주는 동시에 교사를 격려하는 리액션이기도 하다. 교사 개개인에 대한 관심과 격려가 지속적으로 전달될 때 교사들은 힘을 얻고 사명을 다하게 된다.

관찰보고서

교사 또한 학생들이 학습한 노트에 피드백을 남겨서 관심과 격려를 보여 주어야 한다. 하브루타 노트에 남긴 교사의 격려글은 학생을 적극적인 참여자로 이끈다. 때로 직접 말하는 것보다 훨씬 더 큰 위력을 발휘하기도 한다.

한편, 관찰 보고서는 부모와 소통하는 중요한 자료다. 부모는 자녀의 상태를 알고 싶어 한다. 조심스럽고 부담스럽지만 무조건 긍정적으로 말하기보다는 보고서와 학생 노트를 근거로 소통하면 좋다. 그러면 교사와 학부모는 서로 협력해서 좋은 점이든 개선할 점이든 근거를 보고 도와줄 방법을 찾고, 아이가 하브루타를 통해 깨달은 말씀을 생활에서 적용하고 실천하도록 지원할 수 있다. 부모의 의지는 학생이 하브루타를 계속하도록 하는 자원임을 잊지 말아야 한다.

간혹 시간이 지나면 부모들이 처음 열정을 잃게 되는 경우가 있다. 부모 교육이 가장 좋은 해답이지만 교사 또한 학생의 상태를 부모에게 알려 주며 열정을 잃지 않도록 견인해야 한다. 이처럼 보고서는 학생을 효과적으로 도울 뿐 아니라 교육의 질을 개선하는 중요한 자료가 된다.

하브루타 학생 관찰 보고서

	점검 사항	점수 [전혀 그렇지 않다 0점, 매우 그렇다 10점]
지식습득능력	모르는 것을 묻고 찾아본다.	0 1 2 3 4 5 6 7 8 9 10
	새로운 지식을 기억한다.	0 1 2 3 4 5 6 7 8 9 10
	글의 문맥을 파악한다.	0 1 2 3 4 5 6 7 8 9 10
	상대의 말을 듣고 요지를 파악한다.	0 1 2 3 4 5 6 7 8 9 10
	말과 글의 문맥을 넘어 감정과 상황까지 유추한다.	0 1 2 3 4 5 6 7 8 9 10
지식활용능력	지식을 응용하여 새로운 내용을 만든다.	0 1 2 3 4 5 6 7 8 9 10
	지식을 생활과 연결하여 적용한다.	0 1 2 3 4 5 6 7 8 9 10
	아이디어가 많다.	0 1 2 3 4 5 6 7 8 9 10
	시간 분배를 잘한다.	0 1 2 3 4 5 6 7 8 9 10
	협동학습에서 역할 분배를 주도적으로 한다.	0 1 2 3 4 5 6 7 8 9 10
	타인의 의견을 활용하여 개선한다.	0 1 2 3 4 5 6 7 8 9 10
관계능력	감정을 다양한 단어로 구분하여 표현한다.	0 1 2 3 4 5 6 7 8 9 10
	상대의 감정에 공감한다.	0 1 2 3 4 5 6 7 8 9 10
	말이 논리적이고 설득력이 있다.	0 1 2 3 4 5 6 7 8 9 10
	전달이 명확하다.	0 1 2 3 4 5 6 7 8 9 10
	자기 표현을 당당하게 한다.	0 1 2 3 4 5 6 7 8 9 10
	말과 행동으로 타인을 자극하지 않는다.	0 1 2 3 4 5 6 7 8 9 10
	예의를 갖추어 말한다.	0 1 2 3 4 5 6 7 8 9 10
[종합 의견] 내용 파악, 사고 확장, 표현 능력, 수동적· 능동적 태도, 상호작용 등 총과 총알이 있다고 격발되지 않는다. 겁 없이 방아쇠를 당기는 힘, 당돌한 용기가 필요하다.		
[교사기록]		

하브루타의 장점은 다양성에 있다. 마치 기차 플랫폼처럼 좋은 교육 방법을 모두 받아들일 수 있다. 각자의 다양성이 소통하면 할수록 하브루타는 커지고 성장한다. 하브루타는 교육 방식과 계층에 있어서 다양성을 적극 지지한다. 하지만 처음 입문한다면 기본 과정을 먼저 훈련하는 것이 좋다.

누림교회 꿈지락 하브루타는 확실한 교육 효과를 위해서 입문반을 운영하고 정원제로 교육을 시작했다. 성경 하브루타를 하고 싶은 마음은 굴뚝같았지만 먼저 12주 과정부터 밟았다. 우리는 질문하고 토론하는 문화와는 거리가 먼 환경에서 자랐다. 교사와 학생 모두 막상 성경 말씀을 가지고 토론에 들어가면 여러 가지 문제에 직면하게 된다.

어린 학생들은 토론과 성경을 구분하지 못한다. 토론이 힘들고 재미없으면 성경이 재미없다고 생각한다. 본래 성경에 관심이 없던 아이들이지만 토론 때 받은 좋지 않은 감정이 학생들로 하여금 자칫 말씀을 더 멀리하게 할 수도 있다. 하지만 그리 염려할 일은 아니다. 누구든 조금만 체험하고 훈련하면 좋은 토론을 이끌 수 있다. 교사는 토론에 참여하는 패널이기보다 사회자 역할을 하는 사람이다.

하브루타 교육을 계획하고 있다면 먼저 하브루타 입문반을 통해 질문하고 토론하는 것을 경험한 다음 성경을 토론하게 하는 것이 좋다. 누림교회는 입문반을 필수 과정으로 설계했다. 토론 텍스트로는 학생들이 관심 가질 만한 일상의 이야기와 잘 알려진 성경 이야기로 구성했다. 토론하기 위한 교육임을 강조하고 질문 만드는 법을 배우고 다양한 교육 방식과 토론을 먼저 경험하게 했다.

입문반 운영에는 생각보다 많은 은혜가 있었다. 아이들의 빠른 변화는 물론이고 믿지 않는 가정이 교회에 접촉하는 계기가 되었다. 학생들은 자연스럽게 교회 분위기에 적응했고 서로 친해지게 되었다. 종교에 상관없이 누구나 하브루타 입문반에 참여할 수 있게 했더니 많은 비크리스천이 참여하게 되었고, 덕분에 하브루타는 전도의 밭이 되고 있다.

하브루타를 하면 할수록 교육에서 부모가 중요하다는 것을 느끼게 된다. 부모 교육 없이는 교육의 지속을 기대하기가 힘들다. 아직까지 한국은 입시교육이 가장 우선인 사회다. 시험 때가 되면 성적 불안이 찾아온다. 하브루타가 뒷전이 될 수밖에 없다. 그래서 하브루타의 승패는 부모 교육에 있다고 해도 과언이 아니다. 부모가 충분히 교육을 체험하고 그 중요성을 느끼면 여러 가지 사정과 이유가 있더라도 하브루타를 우선순위에 둘 수 있고, 그러면 변화와 성장의 열매를 맺을 때까지 지속될 수 있다.

자녀를 위해 부모 교육을 하는 것이 아니라 부모 자신을 위해 하브루타를 교육해야 한다. 부모 교육은 부모들 간에 친밀한 교재의

장이 된다. 자녀 이야기를 하면서 자연스럽게 친밀해지기 때문이다. 부모 교육은 하브루타 교사를 그룹 강사로 세워 운영했다.

누림교회 꿈지락 하브루타는 처음에는 초등부-중등부 하브루타로 시작했으나 지금은 영유아 하브루타, 유치부 하브루타, 성인반 하브루타까지 범위가 확대되었다. 영유아 하브루타는 부모가 함께 참여하는 방식이며 놀이와 소통이 중심이다. 유치부는 내용 파악이 중심이며 초등부 이상은 사고 확장(질문)을 중심으로 훈련한다. 하면 할수록 왜 질문하는 것이 수준 높은 능력인 줄 피부로 느끼고 있다. 토론은 더 말할 것도 없다. 근거를 제시하고 예의를 갖춰 상대에게 반론을 제기한다는 것이 결코 쉽지 않기 때문이다. 상대 논리의 허점을 파악하고, 보다 높은 가치와 중요성을 논리적으로 주장하는 것은 더 어렵다. 막상 토론이 열기를 띠게 되면 감정을 조절하는 것이 쉽지 않다. 왜 세계 유수 대학이 토론으로 학생을 선발하는지 이해할 수 있다.

누림교회는 현재 영어, 수학 중심의 교과 하브루타도 방학 때 실시하고 있다. 물론 입문반을 수료해야 참여할 수 있다. 입문 과정 없이 참여하면 하브루타에 대한 이해 부족으로 분위기를 망가뜨릴 수 있기 때문이다. 또 입문반 없이 진행하면 교과 하브루타에만 욕심을 보이는 부모나 학생의 경우, 교회가 추구하는 성경 교육에는 불참하면서 교과 하브루타만 참여할 수 있다. 개인주의가 팽배한 지금의 시대는 이처럼 곶감만 빼먹고 싶어 하는 사람들이 많다. 하지만 실망하지 말아야 한다. 사람들의 마음이 메말라서 더 많은 단비가 필요하다는 증거일 뿐이다. 영혼의 변화를 위해 끝까지 다독이며 나가야 한다.

교회는 학원이 아니다. 교과 하브루타는 단순히 공부를 가르치는 것이 목적이 아니다. 공부하는 이유를 찾고 비전을 갖게 해서 학습에 흥미를 갖도록 돕는 것이 목적이다. 공부해야 하는 이유를 신앙 안에서 찾도록 하는 프로그램인 것이다.

하브루타를 배운 학생들은 학교에서도 질문을 많이 한다. 하지만 불행히도 학교는 수업에 방해된다며 질문하지 못하게 한다. 이런 저런 이유로 인해 현재 학교 공부도 질문 수첩을 활용하도록 하고 있다. 수업 시간에 질문이 생각나면 수첩에 적어 와 교회에서 함께 문제를 풀도록 한 것이다. 또래 친구와 해도 좋고 언니 오빠와 해도 좋다. 그림과 댓글로 수업한 단원을 정리하고 스스로 시험문제를 출제하도록 하는 교과 하브루타 노트도 지급하고 있다. 학교 공부는 주일학교 교사와 부모가 집에서 지속적으로 점검해 줄 때 효과가 크다.

꿈지락 하브루타의 목표는 가정 하브루타다. 부모가 자녀와 하브루타를 통해 자녀의 신앙 교육을 책임지게 하는 것이다. 더

이상 교회학교에 모든 것을 맡겨선 안 된다. 그러기 위해 먼저 부모와 자녀가 소통할 수 있도록 부모-자녀 하브루타를 교회에서 실시해야 한다. 또 무엇보다 아버지들의 의식 변화가 수반되어야 한다. 나 역시 사춘기 자녀로 인해 많은 고통을 겪었다. 하브루타는 소통을 통해 행복한 부모 자녀 관계를 세워 준다.

자녀의 방황은 가정의 소통 부재가 가장 큰 원인이다. 흔히 말하는 중2병은 사춘기에 나타나는 호르몬 변화가 원인이라고 한다. 하지만 나는 동의하지 않는다. 단순히 호르몬 변화가 원인이라면 역사상 모든 시기에 중2병이 있어야 하고, 모든 가정의 자녀들이 그래야 한다. 지역이 달라도, 문화가 달라도 나타나야 한다. 그러나 그렇지 않다. 어떤 아이는 심하고 어떤 아이는 조금 그러다 만다. 또 어떤 아이는 아예 앓지도 않는다.

중2병은 소통이 안 되는 아이들에게 나타나는 현상이다. 7세 아이도 소통이 안 되면 사춘기가 나타난다. 유아 사춘기라 하지만 사춘기가 아니다. 청년도 그렇고 심지어 노인도 소통이 막히면 사춘기 병을 겪는다. 가정 성경 하브루타는 가족 간에 소통이 이뤄지게 한다. 가정은 인생에서 가장 중요한 것을 얻게 하는 최고의 학교요 하나님 나라다.

부모가 아이의 조력자로 서라

요즘 아이들은 생각하는 것을 무척 싫어한다. 하브루타는 생각하는 아이로 만든다. 당연히 초기에는 아이들이 생각하는 것을 힘들어하고 재미없어 한다. 입문 과정을 끝으로 교육을 마치려는 부모들에게 가장 많이 듣는 소리가 있다. 아이가 원하지 않아서 보내기 힘들다는 것이다. 그런데 성장 발전에 도움이 되는 것을 좋아하는 아이들이 얼마나 될까? 아이들은 먹는 것도 몸에 좋은 것은 싫어하고 몸에 해로운 음식은 좋아한다. 책도 양서보다 흥미 위주이고 자극적인 것을 좋아한다. 그런 소리를 들으면, 과연 그 가정이 평소에 아이의 의견을 얼마나 존중하는지 궁금하다. 부모가 교육적 열의만 있지 방향성도 목적성도 없으니 쉽게 포기하는 것이다. 그래서 부모 교육이 필요하다. 부모가 하브루타를 이해하고 체험하지 못하면 조력자로서 역할하지 못한다. 그래서 아이가 힘들어하면 부모도 흥미를 잃고 만다.

물론 좋은 교육은 재미있어야 한다. 그러나 처음부터 재미있는 것은 너무 자극적인 경우가 많다. 몸에 좋은 교육은 처음부터 재미있을 수만은 없다. 아이들이 하브루타를 제대로 했다면 "하브루타 힘들어요! 그런데 재미있어요!" 하는 말이 나와야 한다. 교육은 본래 아는 것보다 모르는 것을 가르치고 배우는 것이다. 익숙한 것보다 처음 하는 것을 시도하는 것이다. 당연히 힘들 수 있다. 하지만 힘든 시간을 견디면 곧 "힘든데 재밌다"는 말을 하게 될 것이다.

하브루타 교육을 받은 아이들 중에는 급격한 변화를 보이는 아이도 있고, 점진적으로 변화하는 아이도 있다. 이때 부모가 가정에서 조력자로서 역할하지 못하면 끝까지 가기 힘들다. 이것이 부모가 먼저 하브루타의 교육 방향을 충분히 이해하고 공감하도록 교육을 받아야 하는 이유다.

가정에서 하브루타 교육이 이뤄지는 것보다 더 좋은 것은 없다. 하지만 자녀들과 수준 있는 대화를 매끄럽게 할 수 있는 부모는 많지 않다. 스티븐 잡스는 하버드대학 입학 논술 시험이 식탁에서 아버지와 나눈 대화보다 수준이 낮았다고 평했다. 당장에 그런 수준이 되지는 못하겠지만, 적어도 아이와 대화로 소통할 수 있으려면 아이보다 부모가 먼저 준비되어 있어야 한다. 준비해야 한다니까 지식을 습득해야 하는 것으로 생각하는데 그렇지 않다. 부모가 아이보다 더 많이 알아야 할 필요도 없다. 단지 자녀와 함께 자료를 찾아보며 열린 마음으로 대화를 이끌 수 있는 태도(기술)만 준비되어 있으면 된다.

요즘은 육아 휴직을 하는 젊은 부모도 많다. 그런데 휴직까지 하고는 아이와 눈을 마주치고 소통하며 애착 형성을 하지 않는 것을 보면 참으로 안타깝다. 단지 아이의 안전을 지키는 것이라면 부모가 아니어도 상관없다. 어린아이에게 부모가 반드시 해야 하는 일은 애착 형성을 위한 소통이다. 애착 형성을 그때 하지 않으면 안 되기 때문에 육아 휴직까지 내면서 자녀를 돌보는 것이다. 마찬가지로 아이들의 성장 과정에서 부모가 반드시 해야 할 일이 있다. 신앙 교육도 그 과정 중 하나다.

하브루타 부모 교육을 하면서 의외로 생각하는 것을 힘들어하는 부모들을 많이 만난다. 그러면서 부모는 자녀에게는 힘든 공부를 강요한다. 잘못된 태도다. 부모가 먼저 변하지 않으면 자녀의 미래는 어두울 수밖에 없다.

어린아이를 키우는 엄마에서부터 청년 자녀를 둔 부모까지 부모 교육이 필요없는 부모는 없다. 말로만 자녀를 신앙으로 키워야 한다고 할 것이 아니다. 방법이 있다면 찾아서 배우고 실제로 가르쳐야 한다. 하브루타가 그 방법이다.

성경 하브루타의 실재

성경 하브루타 / 신명기 6:4-9

4 이스라엘아 들으라 우리 하나님 여호와는 오직 유일한 여
호와이시니 5 너는 마음을 다하고 뜻을 다하고 힘을 다하여
네 하나님 여호와를 사랑하라 6 오늘 내가 네게 명하는 이
말씀을 너는 마음에 새기고 7 네 자녀에게 부지런히 가르치

며 집에 앉았을 때에든지 길을 갈 때에든지 누워 있을 때에
든지 일어날 때에든지 이 말씀을 강론할 것이며 8 너는 또
그것을 네 손목에 매어 기호를 삼으며 네 미간에 붙여 표로
삼고 9 또 네 집 문설주와 바깥 문에 기록할지니라

1단계	찬양, 기도	사탄의 방해 제거와 성령의 역사하심 간구
2단계	삶 나눔	지난주 말씀 실천 점검하기
3단계	말씀 읽기	가급적 큰 소리로 한 절씩 읽으며 영화 찍는 것처럼 상상하기
4단계	말씀 이해	단어 뜻(한자어 중심), 성경 배경(문화, 기후, 시대적 상황 등) 알아보기
5단계	말씀 심화	하나님의 뜻, 의도, 성품, 감정을 찾기 위한 질문을 만들고 토론하기
	중심 질문	1. 강론의 의미는 구체적으로 무엇일까? 2. 왜 많은 방법 중에 하나님은 강론을 통해 신앙을 가르치라 했을까?
	나의 질문 만들어 보기	
6단계	말씀 적용	적용과 실천을 위해 생활 연계 질문을 만들고 토론하기
7단계	전체 정리 (쉬우르)	그림과 댓글로 정리, 발표, 기도문 쓰기, 합심기도로 마무리

주의 사항

1. 멋있게 말하려는 욕심을 버리라. 신앙적 자기 과시가 목적이 아니라 나를 향한 하나님의 마음을 아는 것이 목적이다.
2. 말씀 자체가 정답이지만 적용에 있어 정답은 없다.
3. 내 해답을 다른 사람에게 강요하지 말라. 자신이 찾은 답이 아니면 지금 상황에서 큰 의미가 없다.
4. 배움 중독, 가르침 중독에 빠지지 말라. 배우기만 하고 실천하지 않으면 머리만 커진다. 어른들은 무언가 가르쳐야 한다는 중압감에 빠지기 쉽다. 교육은 집어넣는 것이 아니라 스스로 찾아내는 것이다.

하브루타 진행 순서

1. 찬양, 기도

하나님의 지혜와 계시의 영이 없이는 하나님을 알 수 없다고 에베소서 1장 19절은 말씀한다. 사탄의 방해를 제거하고 하나님을 알 수 있도록 성령의 도우심을 간구하는 기도로 시작하라.

2. 삶 나눔 : 지난주 말씀 실천 점검하기

처음부터 할 말이 많고 삶을 잘 나누는 사람은 없다. 하브루타 초기에는 마치 준비운동을 하듯이 무작정 생각나는 단어를 몇 개 적고 설명하는 것도 방법이다. 그러다 보면 이야깃거리가 풍성해진다. 또 기록한 단어나 사건을 설명하다 보면 자신의 생활과 경험으로 자연스럽게 연계되는 효과가 있다.
하브루타가 익숙해지면 생각나는 단어 적어 보기는 큰 의미가 없다. 자연스럽게 지난 시간에 받은 은혜와 삶의 적용에 대해 점검하고 나누는 것이 필요하다. 삶의 적용은 친밀한 관계일 때 잘 나눌 수 있다. 처음 만나는 사람들끼리는 부담스러우므로 시간을 두고 접근하는 것이 필요하다.

3. 말씀 읽기 : 가급적 큰 소리로

말씀을 큰 소리로 읽게 한다. 큰 소리로 읽을수록 참여하는 태도가 좋다. 군대에서 훈련병에게 큰 소리로 복명복창하게 하는 것과 비슷한 맥락이다. 유대인들은 말씀을 소리 내어 읽는다. 특히 아이가 어릴수록 큰 소리로 읽게 한다.
조용히 눈을 감고 내용을 영화 찍듯이 상상해 보라. 본문이 풍성하게 다가온다. 상상 또한 자신의 경험과 생활이 연계되는 효과가 있다. 요즘 아이들이 가장 안 되는 것이 상상하기다. 반복 훈련은 인성의 변화에 많은 긍정적 영향을 끼친다. 상상하고 나눠보면 같은 글이지만 정말 다양한 모습으로 그려지고 있음을 알 수 있다.

4. 말씀 이해

단어의 뜻과 성경의 배경을 알면 말씀을 올바로 이해하는 데 도움이 된다. 이것은 목회자가 준비해서 제공하는 것이 좋다. 예배와 하브루타가 연결되어 있다면 설교에서 다뤄 주면 좋다. 사진 지도 등을 주보에 실어 활용해도 좋다. 목회자가 준비한 자료 외의 것은 성도가 직접 찾아보도록 한다.

어린 학생일수록 단어의 뜻과 개념을 잘 모른다. 단어의 뜻과 개념을 정리하는 것만으로도 큰 공부가 되고 본문 내용을 정확하게 파악할 수 있다. 단어의 뜻은 가급적 한자 중심으로 찾아보는 것이 효과적이다.

구역 모임 등 목회자가 없는 곳에서 하브루타가 진행되는 경우, 말씀이 엉뚱한 방향으로 해석될 수도 있다. 실제로 많은 성도들이 이 부분을 두려워한다. 따라서 목회자가 미리 말씀의 중심 메시지에 접근할 수 있는 질문을 제시하고 토론을 해보도록 한다.

한편, 질문을 스스로 만들어 보면 성경에 대한 관심을 높일 수 있다. 목회자의 질문에만 반응한다면 학교에서 선생님이 낸 숙제에 답을 다는 것과 별반 다를 바가 없다. 하브루타는 질문이 핵심이며 질문은 자신의 관심과 호기심이 반영될 때 제대로 효과를 볼 수 있다.

5. 말씀 심화 : 하나님의 뜻, 의도, 성품, 감정을 찾기 위한 질문과 토론

성경 본문에서 하나님의 뜻, 감정, 의도, 명령, 성품 등을 찾아보고 이야기하는 것은 매우 중요하다. 본문에서 가급적 많은 질문을 만들어 보는 것이 좋다. 질문을 뽑고 서로 이야기를 나누면 말씀이 점점 풍성하게 다가온다. 말씀 적용과 더불어 하브루타의 가장 중요한 부분이다. 대화 중에 오간 많은 이야기들 중에서 '하나님은 어떤 분인가'를 반드시 생각하고 정리하는 습관이 필요하다. 성경 본문에서 찾은 하나님은 곧 우리 삶의 다림줄이며 길이다.

6. 말씀 적용 : 생활 연계 질문과 토론

성경 하브루타의 가장 중요한 핵심 중 하나다. 위의 과정을 거쳤다면 상당한 말씀 배경을 가지게 된다. 이제 자신의 생활과 연계해야 한다. 이것이 매우 중요하다. 자기 경험과 생활과 연계해서 질문을 만들어 보고 이야기하는 것만으로도 많은 치유가 일어난다. 적용은 구체적이고 확인 가능할수록 힘이 있다.

7. 전체 정리(쉬우르) : 그림과 댓글로 정리, 발표, 기도문 쓰기

반드시 이해하고 깨달은 말씀과 적용을 요약 정리하는 것이 필요하다. 그림과 댓글로 말씀 이해와 내용을 정리하는 것도 매우 유익하다. 그림을 단순하게 여길지 모르지만 그림에 댓글을 달며 말씀 나눔을 정리하면 그것 자체로 마인드맵이 되어 전체가 한눈에 들어온다. 또 그림에 색칠을 하게 되면 정서 치유에도 도움이 될 뿐 아니라 간직하고 싶은 나만의 성경공부 공책이 되기도 한다.

선포는 실천의 에너지다. 특히 적용은 기도문으로 5줄 이상 정리하는 것이 좋다. 마지막 정리를 잘하면 생활에서 실천하는 데 큰 힘을 얻게 된다. 빼먹지 말고 반드시 해야 한다. 모든 과정이 끝나면 함께 합심기도로 마무리한다.

소그룹으로 나누어서 하브루타를 하다 보면 마무리가 덜된 그룹도 있다. 하지만 마지막 기도만큼은 함께 합심해서 하는 것이 좋다. 못다 한 이야기는 모임이 끝난 뒤에 삼삼오오 모여서 하면 될 것이다.

위의 과정을 한 주에 다할 수도 있지만 2-3주로 나누어 충분히 이야기하는 것도 좋다. 충분히 이야기를 나눌수록 바람직한 방향으로 나아간다. 하브루타가 예배와 연결된다면 4단계가 설교에서 어느 정도 해결되기에 한 번에 마칠 수 있다. 그러나 구역 모임이나 성경공부 같은 경우는 2-3주 나누어서 하는 것이 좋다.

하브루타는 충분한 시간을 가지고 지속적으로 나누는 것이 매우 중요하다. 같은 말씀도 나눌 때마다 다른 은혜를 경험하게 된다. 서로 얼굴을 마주보고 성경으로 이야기 나누다 보면 얼마 못 가 말씀의 능력을 경험하게 될 것이다.

궁금해요, 하브루타 Q&A

Q. 성경은 절대 진리인데
그냥 믿으면 되지 꼭 토론해야 하나요?

A 성경은 절대 진리다. 일점일획도 바꿀 수 없다. 사실 하브루타에서 성경 본문의 내용을 확인하는 것은 매우 중요한 과정이다. 하지만 성경에 모든 것이 기록되어 있지 않다. 축약되어 있고, 핵심만 기록되어 있는 경우가 많다. 그래서 인물들의 마음을 읽어 내고, 시대적 문화적 배경을 밝혀내고, 특히 하나님의 뜻을 분별하는 것은 심화, 상상 하브루타를 통해 해야 한다. 성경에는 수많은 명령과 말씀이 있다. 이를 지켜 행하는 것이 성도의 의무다. 말씀을 읽어 내고 해석해 내고 실천 방안을 생각해 내지 않으면 삶의 자리에서 실천으로 이어지지 않는다. 설교에서 아무리 많은 것들을 제시해도 들을 때만 잠깐 알 뿐 돌아서면 까맣게 잊어버린다. 듣고 곧 잊어버리는 말씀이 되는 것이다.

내용 하브루타는 성경 중에서 알아야 할 내용들을 있는 그대로 깨닫고 아는 것이다. 심화 하브루타는 그것을 바탕으로 하나님의 뜻을 분별하고, 성경 인물의 심리나 역사적 배경 등을 읽어 내는 것이다. 실천 하브루타는 말씀을 삶 속에서 어떻게 적용할 것인지를 나누는 하브루타다. 하브루타의 가장 중요한 핵심은 말씀을 삶 속에서 구현해 내는, 즉 하나님의 뜻을 행하는 방안을 찾는 것이다.

Q. 예수님을 믿지 않는 유대인의 방법을 우리가 받아들여야 하나요?

A 구약도 성경이다. 하나님의 말씀이다. 예수님도 유대인이고, 바울과 베드로도 유대인이다. 우리는 유대인에 대해 객관적인 시각을 가져야 한다. 무조건 그들이 하는 대로 따라가서도 안 되고, 무조건 배척해서도 안 된다. 다만 우리는 그들이 예수님을 메시아로 인정하고 돌아오기를 기도해야 한다. 그리고 구약에서 약속한 말씀에 따라 유대인에게 역사하시는 하나님을 인정해야 한다. 그러면 그들에게 취할 것은 취하고 경계할 것은 경계할 수 있다.

하브루타는 유대인의 문화에서 발견한 것이지만 유대인의 방법이 아니라 하나님의 방법이다. 그것을 실천했기에 유대인이 그렇게 복을 받은 것이다. 신명기 6장에서 자녀를 가르치는 방법으로 강론하라고 하셨다. 성경은 하나님의 말씀을 공부하는 방법까지도 알려 주고 있다. 바로 서로 이야기를 나누면서 익히는 강론이다. 유대인은 강론하라는 명령에 순종해 온 것이고 우리는 이제야 그 가치를 알아보고 관심을 갖고 실천하려는 것이다. 우리가 받아들여야 하는 것은 3400여 년 동안 신앙을 대대로 전수해 온 그 비결이다. 그것이 쉐마이고 하브루타다. 신명기 6장 7절의 '자녀에게 부지런히 가르치라'는 말씀은 지상명령의 '제자로 삼아 가르쳐 지키게 하라'와 맞닿아 있다. 제자가 영적 자녀이기 때문이다.

Q. 예수님도 하브루타를 하셨나요?

A "그가 선생들 중에 앉으사 그들에게 듣기도 하시며 묻기도 하시니"(눅 2:46). 유월절에 가족과 함께 성전에 간 열두 살의 소년 예수는 당대의 최고 엘리트 지식인인 율법 선생들 사이에 앉아서 3일 동안 토론하고 논쟁했다. 예수님이 선생들 사이에 앉았다는 것은 예수님이 이 토론과 논쟁을 주도했다는 의미다. 성경은 어린 예수가 말하는 것을 보고 율법 선생들이 기이하게 생각했다고 전하고 있다. 예수님은 성전에서 성인식을 한 다음에 동일한 성인의 자격으로 서기관과 율법사 등과 토론하신 것이다.

나사렛에도 회당이 있고 랍비가 있어서 예수님은 거기서 교육을 받았을 것이다. 또 요셉과 마리아를 통해 배웠을 것이다. 하지만 열두 살 소년 예수의 호기심과 지적 욕구를 다 채워 주지는 못했을 것이다. 성전에는 당시 최고의 율법학자나 서기관, 제사장 등이 머물고 있었기 때문에 가장 수준 높은 토론과 대화가 가능했을 것이다.

예수님이 율법 선생들과 벌인 이 토론과 논쟁이 바로 하브루타다. 이를 통해 우리는 하브루타가 2천 년 전에도 유대인들의 자연스런 전통이었음을 알 수 있다.

한편, 예수님은 하브루타의 대가였다. 사마리아 여인, 삭개오 등과 대화하셨고, 제자들과 토론하셨으며, 바리새인이나 서기관들과 논쟁하셨다. 예수님은 누구를 만나든 어디서든 대화하고 토론하고 논쟁하심으로 말씀을 가르치셨다.

Q. 예수님도 질문을 많이 하셨나요?

A 사복음서를 정밀하게 살펴보면 예수님의 화법이 대부분 질문 형식임을 알 수 있다. 예수님은 시비를 걸어 오는 질문에 대해서도 다시 질문으로 답변하는 경우가 많았다. 질문한 상대에게 반문함으로 대답하신 것이다.

'그리스도에 대해 어떻게 생각하느냐, 누구의 자손이냐?'(마 22:42)는 예수님의 질문은 예수님의 반대자들이 더 이상 시비를 걸지 못하게 만들었다. 그들이 예수님의 질문에 대해 '다윗'이라고 답변하자 예수님이 "다윗이 그리스도를 주라 칭하였은즉 어찌 그의 자손이 되겠느냐"고 반문했고, 이후 "한 마디도 능히 대답하는 자가 없고 그날부터 감히 그에게 묻는 자도 없더라"고 마태는 전하고 있다. 예수님의 질문은 따지러 온 사람들의 입을 막기에 충분했고 청중의 가슴을 찔러 약동하게 만들었다.

또한 바리새인과 서기관들이 제자들이 금식하지 않는 것을 시비 걸자 예수님은 "혼인 집 손님들이 신랑과 함께 있을 때에 그 손님으로 금식하게 할 수 있느냐"고 반문하셨다. 또 예수님이 성전에서 가르치는 것에 대해 대제사장과 장로들이 무슨 자격으로 가르치느냐고 시비를 걸자 "요한의 세례가 어디로부터 왔느냐 하늘로부터냐 사람으로부터냐"(마 21:25)라고 반문하심으로 그들을 오히려 곤혹스럽게 만드셨다. 그들의 대답이 궁하자 예수님은 포도원 주인의 두 아들 이야기와 포도원 주인이 보낸 종과 아들을 죽인 농부의 이야기를 들려주고는, "그러면 포도원 주인이 올 때에 그 농부들을 어떻게 하겠느냐?"고 다시 질문하셨다. 이처럼 예수님은 질문을 통해 스스로 말씀을 깨닫도록 하셨다.

한 율법교사가 와서 어떻게 해야 영생을 얻겠느냐고 묻자 예수님은 대답 대신 "율법에 무엇이라 기록되었으며 네가 어떻게 읽느냐"고 질문하셨다. 그 율법교사가 다시 "내 이웃이 누구니이까" 하고 묻자 사마리아 강도 사건을 비유로 들려준 뒤 "네 생각에는 이 세 사람 중에 누가 강도 만난 자의 이웃이 되겠느냐"고 질문하셨다. 예수님은 질문의 대가셨다. 이처럼 하브루타는 하나님의 방법인 동시에 예수님이 주로 사용하신 방법이었다.

사도행전을 보면 바울 역시 질문, 토론, 논쟁으로 복음을 전파했음을 알 수 있다. 그는 두란노서원에서 강론하며 교회를 세웠다. 초대 교회 역시 하브루타를 통해 세워졌음을 알 수 있다.

Q. 하브루타가 이단을 극복하는 방법이 될 수 있나요?

A 정말 많은 이단들이 이 땅에서 판을 치고 있다. 이단들의 특징은 처음에는 말씀에 기초한 것 같지만, 결국엔 개인숭배로 흐른다는 것이다. 이단은 그 결국이 다르기 때문에 이단이다. 그런 이단에 성도들이 쉽게 빠지는 이유는, 그들이 세운 논리 때문이며 계속된 교육을 통해 세뇌를 당하기 때문이다. 이단은 성경 말씀을 자기 나름의 논리로 연결하고 짜깁기해서 체계화시킨다.

이 같은 이단을 어떻게 대처할 것인가? 많은 교회가 이단을 대치한다면서 성경공부를 없애고 성도들이 외부 세미나에 가지 못하게 막는다. 그래서야 치밀한 자기 논리를 가지고 틈타는 이단을 대처할 수 있겠는가?

이단을 대처하려면 먼저 말씀으로 무장되어야 한다. 그들의 논리가 어째서 틀렸는지를 따져보고 설득해 낼 수 있을 정도로 말씀을 알아야 한다. 하브루타는 말씀으로 무장하는 방법인 동시에 만인제사장과도 연결되며 교회의 잘못된 관행들을 바로잡는 방법이다.

Q. 하브루타를 하다가 성경을 잘못 해석하면 어떡하나요?

A 당연히 성경을 잘못 해석하면 안 된다. 성경에 대해 질문하는 것과 질문을 하지 않을 때 중 어느 쪽이 성경을 제대로 이해하지 못할까? 당연히 질문하지 않을 때다. 그런데 혼자 질문하고 답을 찾으면 말씀을 잘못 해석할 확률이 높다. 개인적인 QT가 그렇게 될 가능성이 높다. 그래서 하브루타가 필요하다. 두 사람 혹은 여러 사람이 모여 질문하고 토론하고 나눌 때 서로 잘못된 해석을 보완할 수 있어 성경을 바르게 이해할 수 있다. 하브루타는 지속성이 중요하다. 토론 한 번에 모든 것을 이해하려 할 때 잘못 해석할 위험이 높기 때문이다.

Q. 성경을 잘 모르는데 하브루타가 가능하나요?

A 성경을 모르기 때문에 하브루타를 더 해야 한다. 하나님을 알아야 사랑할 수 있고, 성경 말씀을 알아야 하나님의 뜻을 행할 수 있기 때문이다. 성경뿐 아니라 무엇이든 처음부터 모두 알고 시작하는 사람은 없다. 하브루타는 오히려 성경을 처음부터 제대로 이해하며 배울 수 있는 방법이다. 성경을 바로 이해하기 위한 좋은 책들이 많이 나와 있다. 책을 고르기가 힘들다면

담임목사에게 요청하는 것이 좋다. 성경 전체의 흐름을 빠른 시간에 알고 싶다면 만화로 된 성경책이나 그림성경도 도움이 된다. 이런 책들을 가지고 하브루타를 해도 좋다.

Q. 아이들이 말을 잘 안 하면 어떡하죠?

A 아이들은 물론이고 어른들도 대화하는데 익숙하지 않다. 불통의 문화를 살아가는 이 시대에 아이들이 말을 잘 못하는 것은 당연하다. 어른들은 버럭 화를 내고 야단을 치는 것도 대화라고 생각하는데 천만의 말씀이다. 부드럽게 말한다고 해서 소통이 되었다고도 할 수 없다. 우리는 어른이나 아이나 수다와 잡담은 잘하지만 대화는 잘 못한다.

아이들이 부모와 대화하기를 꺼리는 이유는, 평소에 부모와 애착 관계가 잘 형성되지 않았거나, 부모가 일방적으로 지시하고 명령했기 때문이다. 따라서 아이와 대화하려면 가장 먼저 유대관계를 형성해야 한다. 허물없이 이야기할 수 있는 관계를 형성해야 하는 것이다. 이것은 교사와 아이의 관계도 마찬가지다.

아이들은 마음이 열리지 않아서 입을 다물기도 하지만, 어떻게 해야 할지 몰라서 입을 열지 못하기도 한다. 처음부터 수준 높은 대화를 기대해서는 안 된다. 교육의 가장 큰 맥은 모범과 모방이다.

먼저 멋진 교훈을 말하려 하지 말고 진솔한 내 이야기를 자연스럽게 하라. 그리고 중간중간 아이의 생각과 경험에 대해 질문하라. 아이들은 처음엔 힘들지 몰라도 시간이 지나면서 자신의 마음을 표현하는 법을 배우게 될 것이고 그러면 말하게 될 것이다.

Q. 어디에 가면 하브루타를 배울 수 있나요?

A 하브루타를 배운다면 많은 도움이 될 것이다. 하지만 배운다고 하브루타를 모두 잘할 수 있는 것은 아니다. 또 어느 정도 배워야 제대로 할 수 있을까? 내가 아는 만큼 들리고 볼 수 있다는 말이 있다. 이 말은 많이 공부하고 하브루타 강의를 들어야 한다는 이야기가 아니다. 공부하고 배우고 나서 실천하는 것이 효과적일까, 아니면 실천하면서 공부하고 배우는 것이 좋을까? 후자가 훨씬 효과적이다. 하브루타는 배우는 것도 중요하지만 시도하고 실천하는 것이 더 중요하다. 먼저 후추파의 정신으로 시도해 보자. 그리고 강의를 듣고 실습한다면 훨씬 피부에 와 닿게 될 것이다. 도움이 필요하다면 인터넷에서 하브루타교육협회나 하브루타선교회를 검색하고 연락하면 도움을 받을 수 있다.

Q. 성경 말씀에서 무엇부터 읽어 내야 하나요?

A 성경 하브루타는 말씀을 따지듯이 분석하고 쪼개기 위해 질문하는 것이 아니다. 오히려 그 반대다. 하나님이 말씀을 통해 주시고자 하는 참 메시지를 알기 위해 질문하는 것이다. 성경 말씀이 주는 메시지의 핵심을 바로 알고 실천하고 순종하기 위해 질문하는 것이다.

먼저 성경 내용을 서로 질문하면서 그 문장들을 정확하게 파악해야 한다. 그런 다음, 성경에 문자로 기록되지 않은 내용들을 서로 짚어 보고 토론해서 읽어 낸다. 성경 인물들의 내면, 하나님이 이런 말씀을 주신 이유, 그 당시 역사적이고 문화적인 배경 등이 그것이다. 그리고 무엇보다 말씀을 삶에서 살아 내는 구체적인 방안을 찾아야 한다. 예를 들어 미워하는 사람을 용서하라는 말씀을 따라 미워하는 마음을 어떻게 용서하고 제거할 것인가를 구체적으로 계획 세우고 실천해 보는 것이다.

Q. 질문만 하면 말씀을 이해할 수 있나요?

A 그렇지 않다. 하브루타에서 질문은 매우 중요하다. 질문이 좋을수록 큰 깨달음을 얻게 된다. 하지만 질문으

로 충분하지 않다. 실천 곧 순종이 필요하다. 순종할 때 비로소 알 수 있는 하나님의 마음과 뜻이 있다. 두뇌의 사고 작용만으로는 좋은 질문을 만들 수 없다. 삶으로 실천할 때 더욱 좋은 질문이 나온다.

Q. 생각하는 것이 힘들고 질문 만드는 것이 어려워요. 어떻게 해야 하나요?

A 이것은 듣고 외우는 교육만 받아 온 우리 사회가 직면한 문제다. 더구나 요즘 아이들은 알아서 화면이 바뀌는 TV, 인터넷 등에 익숙해져서 더 생각할 필요가 없어졌다. 유대인 교사의 어머니라고 불리는 이스라엘 울프재단의 리타 벤 데이비드 대표는 "학생들에게 질문하는 법을 잘 가르쳐야 훌륭한 과학자와 예술가로 키워 낼 수 있다"고 말했다. 이 말은 질문이 중요하다는 것을 강조하는 동시에 질문을 하는 것이 어렵다는 것을 반증한다. 고등 사고와 질문은 유대인에게도 쉬운 문제는 아니다.

하지만 미리 겁먹을 필요는 없다. 가장 좋은 방법은 질문을 배우는 것이겠지만 가정에서 할 수 있는 방법 중 하나는 매체를 활용하는 방법이다. 예를 들어 저녁 메뉴를 새롭게 만든다고 가정해 보자. 요리라는 매체를 통해 자기도 인지하지 못하는 사이에 질문하고 생각하게 되는 것이다.

그림 사물 등을 골라 설명하게 되면 좀 더 생각이 이야기로 흘러

나오게 된다. 그렇게 이야기하다 보면 자연스럽게 질문도 생기게 된다. 예수님도 비유로 많이 설명하셨다. 듣는 사람이 생각하고 질문하게 하신 것이다. 질문이 생기면 대화하는 것이 아니라 대화하다 보면 질문이 생기는 것이다.

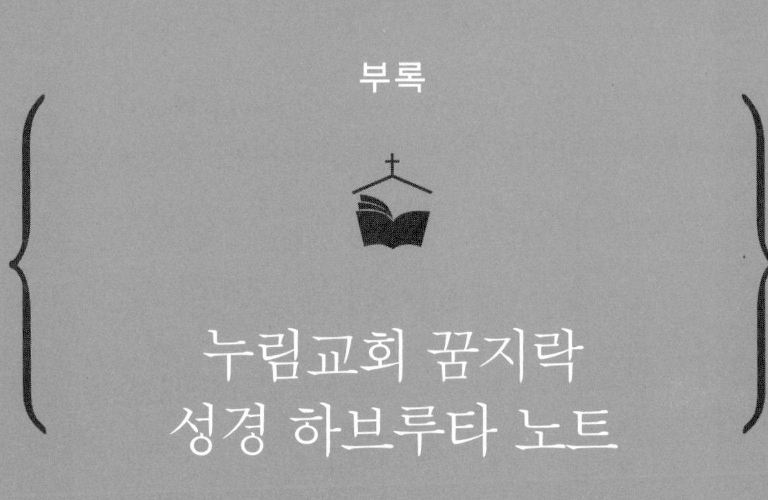

부록

누림교회 꿈지락 성경 하브루타 노트

이야기로 하는 성경공부
하브루타 입문 공과

-학생용-

1-1 겨자씨 비유

성경공부

가장 작은 씨앗에서 가장 큰 나무를 꿈꾸시는 주님

1. 기도

지혜와 계시의 성령님께 본문 말씀이 전하고자 하는 참된 메시지를 올바로 이해할 수 있도록 도우심을 구합니다.

2. 삶 나눔

다음 질문에 나의 솔직한 생각을 너무 진지하거나 가볍지 않게 나누어 보세요.

1) 그동안 참여한 예배, 성경공부, 구역 모임 등이 나의 생활을 변화시키는 영향력이 있었다고 생각합니까?

2) 내가 하브루타 성경 공부에서 얻고 싶은 세 가지가 있다면?

____________ ____________ ____________

그중에 가장 중요한 것은 ____________ 이고, 이유는?

3. 말씀 읽기

가급적 큰 소리로 손가락으로 짚어 가며 읽습니다.

마 13장 31-32절, 개역개정

31 또 비유를 들어 이르시되 천국은 마치 사람이 자기 밭에 갖다 심은
겨자씨 한 알 같으니
32 이는 모든 씨보다 작은 것이로되 자란 후에는 풀보다 커서 나무가
되매 공중의 새들이 와서 그 가지에 깃들이느니라.

우리말성경

31 예수께서 또 다른 비유를 들어 말씀하셨습니다. "하늘나라는 사람
이 자기 밭에 가져다가 심어 놓은 겨자씨와 같다.
32 겨자씨는 모든 씨앗들 가운데 가장 작은 씨앗이지만 자라면 모든
풀보다 더 커져서 나무가 된다. 그래서 공중에 나는 새들이 와서 그
가지에 깃들게 된다."

4. 말씀 이해

본문에 나오는 단어 및 성경 배경을 이해합니다.

• 겨자는 어떤 식물인가요?

겨자는 한해살이 풀입니다. 흔히 우리가 알고 있는 노란색 겨잣가루는 노란색 향신료인 터메릭을 첨가해 색을 내서 식감을 높인 것입니다. 겨자 잎은 쌈밥집에서 쉽게 찾아볼 수 있으며 톡 쏘는 맛을 냅니다.

겨자는 약 90cm 자라며 밝은 노란색 꽃이 핍니다. 가지는 가늘고 씨앗은 보통 갈색과 붉은색입니다.

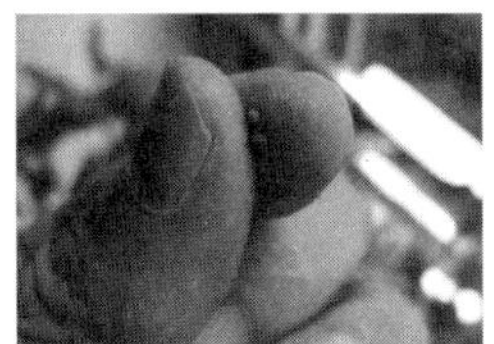

• 이스라엘에서 겨자는 주로 어디에 서식합니까?

갈릴리 호수 주변 들판에 무성하게 자라는 흔한 풀입니다. 겨자 씨의 크기는 첫 번째 사진에서 보듯이 배추 씨앗 정도 크기이며, 꽃은 노란색입니다. 세 번째 사진의 겨자 잎은 우리나라 쌈밥집에서 흔히 찾아볼 수 있는 겨자채입니다.

• 더 찾아보고 싶은 본문의 단어 뜻과 성서 배경은?

5. 말씀 심화

다음의 [성경, 하브루타 질문 카드] 중 각자 하나를 고르고 앞면의 '성경-질문'에 대해 먼저 의견을 나눈 다음, 뒷면 '생활-질문'에 대해 이야기를 나누십시오.

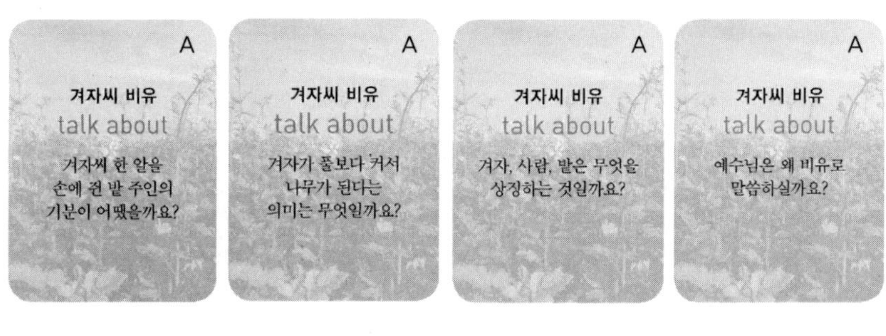

성경 하브루타
질문카드는
교사용 공과책에
있습니다.

나눔 후 기도로 마무리합니다. 다음 주에 만나요.

1-2 겨자씨 비유

생활 적용

가장 작은 씨앗에서 가장 큰 나무를 꿈꾸시는 주님

1. 기도

지혜와 계시의 성령님께 본문 말씀이 전하고자 하는 참된 메시지를 올바로 이해할 수 있도록 도우심을 구합니다.

2. 삶 나눔

말씀은 적용하고 실천할 때 능력이 됩니다.

한 주간 겨자씨 비유가 생각났던 때는 __________이었습니다.

나의 발전을 위해 심고 싶은 성품 씨앗 세 가지를 아래에서 선택한 후 이유를 이야기해 보세요.

________________ ________________ ________________

포용력	친절함	교감	분별력
절제	한결같음	호기심	참을성
용기	휴식	긍정적인 마음	희망
인내력	예절	겸손	협동
열정	도전	책임감	격려
감사	결단력	노력	공감
정직	배움	자신감	건강
배려	성실	끈기	즐거움
유머	신중함	사회적 기여	수용
정의	실천력	경청	진정성
자기 성찰	용서	유연함	믿음

3. 질문 심화

단어의 뜻, 감정, 의도를 찾은 다음 질문에 대한 생각을 나누고 자신의 질문 한 가지를 만들어 봅니다.

질문 1) 성경 본문을 대표하는 중심 단어(문장)는 ____________이며, 중심 단어를 가장 잘 나타내는 그림은 ___ 번이다. 그 이유는?

1번  2번  3번 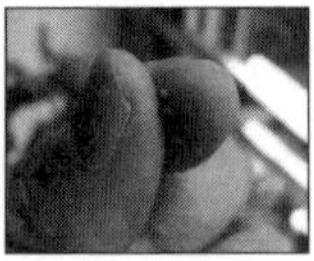 4번  5번

질문 2) 농부가 겨자씨를 처음 손에 쥐고 느낀 감정은_____이다.

질문 3) 나무가 된 겨자를 바라보는 농부의 마음은_____이다.

질문 4) 겨자씨 비유 이야기를 하신 예수님의 의도는______이다

질문 5) ____

4. 종합 정리

하브루타에서 이야기를 종합 정리하는 것은 매우 중요합니다. 그림을 예쁘게 색칠하고, 주요 인물과 내용을 요약하여 댓글로 정리해 보세요.

성경 본문의 내용을 가장 잘 표현하는 중심 단어 또는 문장은

______________________ 이다.

• 일상에서 어떻게 실천할 것인지를 생각한 후 하나님께 간략하게 편지 기도문을 써 보세요.

____

____

____

5. 실천 적용

사람들 앞에서 자신의 깨달음과 무엇을 실천, 적용할 것인지 간단히 나누고 작성한 기도편지를 읽습니다. 기도와 더불어 실천할 때 하나님의 말씀이 살아 있다는 증거를 보게 될 것입니다.

• 실천 사항

____

____

이야기로 하는 성경공부
하브루타 입문 공과

-교사용-

1-1 겨자씨 비유

성경공부

가장 작은 씨앗에서 가장 큰 나무를 꿈꾸시는 주님

1. 기도

지혜와 계시의 성령님께 본문 말씀이 전하고자 하는 참된 메시지를 올바로 이해할 수 있도록 도우심을 구합니다.

2. 삶 나눔

다음 질문에 나의 솔직한 생각을 너무 진지하거나 가볍지 않게 나누어 보세요.

1) 그동안 참여한 예배, 성경공부, 구역 모임 등이 나의 생활을 변화시키는 영향력이 있었다고 생각합니까?

2) 내가 하브루타 성경 공부에서 얻고 싶은 세 가지가 있다면?

________________ ________________ ________________

그중에 가장 중요한 것은 __________________ 이고 이유는?

교사 가이드

- 처음에 교사 먼저 솔직하게 과거의 생각과 경험을 이야기하고 나누십시오.
- 발표하는 분위기보다는 자연스럽게 이야기하는 분위기가 좋습니다.
- 첫 시간이기에 간단히 자기소개를 한 후 부담 없이 생각을 나누게 합니다.
- 조원 모두가 하브루타 성경공부에 적극 참여하여 즐거운 시간을 보내도록 규칙 정하기를 먼저 하는 것이 중요합니다.

3. 말씀 읽기

가급적 큰 소리로 손가락으로 짚어 가며 읽습니다.

마 13장 31-32절, 개역개정

31 또 비유를 들어 이르시되 천국은 마치 사람이 자기 밭에 갖다 심은
겨자씨 한 알 같으니
32 이는 모든 씨보다 작은 것이로되 자란 후에는 풀보다 커서 나무가
되매 공중의 새들이 와서 그 가지에 깃들이느니라

우리말성경

31 예수께서 또 다른 비유를 들어 말씀하셨습니다. "하늘나라는 사람
이 자기 밭에 가져다가 심어 놓은 겨자씨와 같다.
32 겨자씨는 모든 씨앗들 가운데 가장 작은 씨앗이지만 자라면 모든
풀보다 더 커져서 나무가 된다. 그래서 공중에 나는 새들이 와서 그
가지에 깃들게 된다."

4. 말씀 이해

본문에 나오는 단어 및 성경 배경을 이해합니다.

• 겨자는 어떤 식물인가요?

겨자는 한해살이 풀입니다. 흔히 우리가 알고 있는 노란색 겨잣가루는 노란색 향신료인 터메릭을 첨가해 색을 내서 식감을 높인 것입니다. 겨자 잎은 쌈밥집에서 쉽게 찾아볼 수 있으며 톡 쏘는 맛을 냅니다.

겨자는 약 90cm 자라며 밝은 노란색 꽃이 핍니다. 가지는 가늘고 씨앗은 보통 갈색과 붉은색입니다.

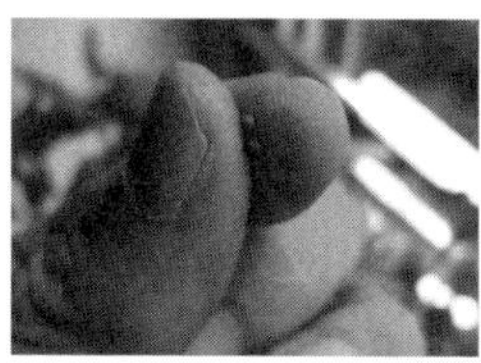

• 이스라엘에서 겨자는 주로 어디에 서식합니까?

갈릴리 호수 주변 들판에 무성하게 자라는 흔한 풀입니다. 겨자 씨의 크기는 첫 번째 사진에서 보듯이 배추 씨앗 정도 크기이며, 꽃은 노란색입니다. 세 번째 사진의 겨자 잎은 우리나라 쌈밥집에서 흔히 찾아볼 수 있는 겨자채입니다.

• 더 찾아보고 싶은 본문의 단어 뜻과 성서 배경은?

교사 가이드

- 자료 찾기를 위해 스마트폰을 이용할 때는 반드시 규칙 정하기를 통해 허용 범위를 정해야 합니다. 어길 시에는 서로 웃을 수 있는 벌칙을 주는 것도 좋습니다.
- 성경 본문의 단어 중 많이 들어 익숙하지만 그 뜻을 정확히 모르는 단어도 찾아봅니다. 의외로 뜻을 잘 모르는 단어가 많습니다.

* 학생이 단어의 뜻을 물어 보면 바로 답을 주지 말고 먼저 학생의 생각을 물은 다음에 답을 하는 것이 좋습니다. 또한 한자어 뜻을 찾아보면 그 뜻을 이해는 데 많은 도움이 됩니다.

5. 말씀 심화

[성경 하브루타 질문 카드] 중 각자 하나를 고르고 앞면의 '성경-질문'에 대해 먼저 의견을 나눈 다음 뒷면 '생활-질문'에 대해 이야기를 나누십시오.

A
겨자씨 비유
talk about
겨자씨 한 알을 손에 쥔 밭 주인의 기분이 어땠을까요?

A
겨자씨 비유
talk about
겨자가 풀보다 커서 나무가 된다는 의미는 무엇일까요?

A
겨자씨 비유
talk about
겨자, 사람, 밭은 무엇을 상징하는 것일까요?

A
겨자씨 비유
talk about
예수님은 왜 비유로 말씀하실까요?

교사 가이드

- 교재에 있는 [성경 하브루타 질문카드] 중 해당 과목의 카드 A를 미리 오려 두었다 사용합니다.
- 카드 B는 다음 주 생활 적용 토론 시간에 사용합니다.
- 4개의 카드 중 마음에 드는 질문을 하나 고르게 합니다.
- 먼저 앞면의 질문으로 짝과 생각을 나눕니다. 어느 정도 토론한 뒤에는 뒷면의 연관 질문 및 생활 연계 질문으로 의견을 나눕니다.
- 짝이 아닌 그룹으로 토론할 경우, 자신이 선택한 카드로 토론할 때는 사회권을 주는 것도 참여도를 높일 수 있습니다. 먼저 앞면의 질문으로 짝과 생각을 나눕니다.

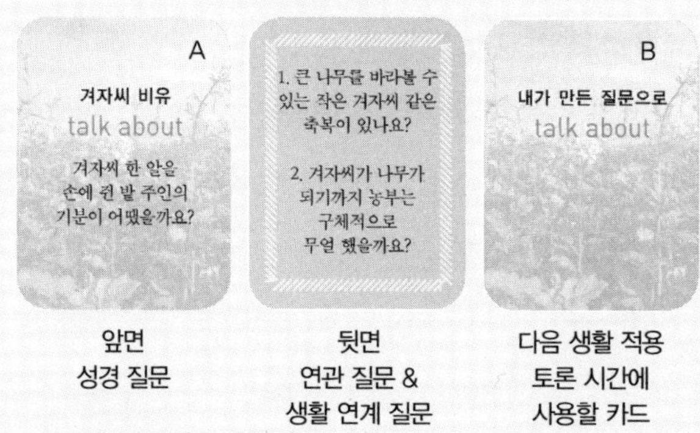

앞면
성경 질문

뒷면
연관 질문 &
생활 연계 질문

다음 생활 적용
토론 시간에
사용할 카드

- 공과 반 인원이 많을 때는 두 명씩 짝을 지어서 토론하게 합니다. 두 그룹으로 나눠서 토론하는 것도 하나의 방법입니다.
- 3명 이하일 때는 모두 함께하는 것도 좋습니다.
- 어느 정도 토론한 후 돌아가면서 나눈 이야기를 간단히 정리하게 합니다. 이렇게 피드백하는 과정이 없으면 짝 토론과 대화가 잡담이나 수다가 될 수도 있습니다.
- 모두 손을 잡고 함께 기도한 후 교사가 대표로 기도하고 마칩니다.

1-2 겨자씨 비유

생활 적용

가장 작은 씨앗에서 가장 큰 나무를 꿈꾸시는 주님

1. 기도

지혜와 계시의 성령님께 본문 말씀이 전하고자 하는 참된 메시지를 올바로 이해할 수 있도록 도우심을 구합니다.

2. 삶 나눔

말씀은 적용하고 실천할 때 능력이 됩니다.

한 주간 겨자씨 비유가 생각났던 때는 __________이었습니다.

나의 발전을 위해 심고 싶은 성품 씨앗 세 가지를 아래에서 선택한 후 그 이유를 이야기해 보세요.

________________ ________________ ________________

포용력	친절함	교감	분별력
절제	한결같음	호기심	참을성
용기	휴식	긍정적인 마음	희망
인내력	예절	겸손	협동
열정	도전	책임감	격려
감사	결단력	노력	공감
정직	배움	자신감	건강
배려	성실	끈기	즐거움
유머	신중함	사회적 기여	수용
정의	실천력	경청	진정성
자기 성찰	용서	유연함	믿음

교사 가이드

- 대답이 너무 짧거나, 좀 더 자세히 듣고 싶다면 추가 질문을 하십시오.
  "그 단어를 선택한 특별한 배경이 있었나요?"
  "그런 말을 들을 때 기분이 어떻던가요?"
  "지금은 마음이 어떤가요?" 등.
- 취조하듯 억지로 대답을 유도하는 것처럼 보이지 않도록 합니다.
- 조원이 선뜻 이야기하지 않으면 교사가 먼저 시범을 보이는 것이 좋습니다.
- 한 사람이 발표할 때는 모두 딴짓 하지 않고 최대한 지지하는 태도를 보여 주도록 합니다.

3. 질문 심화

단어의 뜻, 감정, 의도를 찾은 다음 질문에 대한 생각을 나누고 자신의 질문 한 가지를 만들어 봅니다.

질문 1) 성경 본문을 대표하는 중심 단어(문장)는 ____________이며, 중심 단어를 가장 잘 나타내는 그림은 ___ 번입니다. 그 이유는?

1번 2번 3번 4번 5번

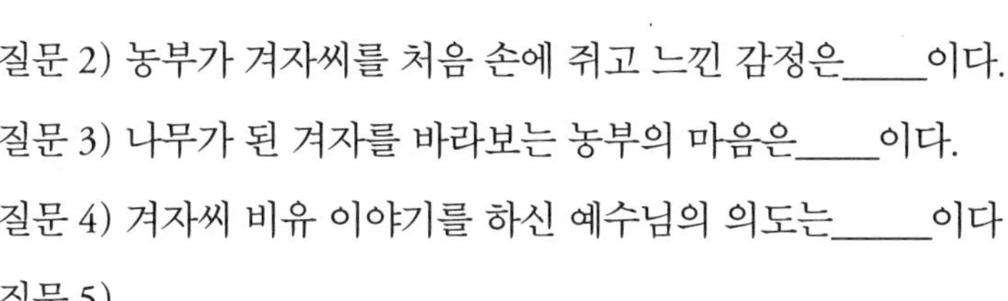

질문 2) 농부가 겨자씨를 처음 손에 쥐고 느낀 감정은_____이다.

질문 3) 나무가 된 겨자를 바라보는 농부의 마음은_____이다.

질문 4) 겨자씨 비유 이야기를 하신 예수님의 의도는_____이다

질문 5) ____

교사 가이드

- 가급적 질문 만드는 것에 부담을 느끼지 않도록 하는 것이 좋습니다. 그러기 위해서는 질문이라는 단어보다 '궁금한 것 찾아보기' 같은 단어를 사용하는 것이 더 효과적입니다.
- 1번 질문은 뒤에서 사용할 질문 내비게이션 중 단어의 뜻과 개념을 알기 위한 질문하기에 해당합니다. 2번과 3번은 감정에 관한 질문 찾기이며, 4번은 말과 행동의 의도 찾기에 해당하는 질문입니다.
- 먼저 1-4번 질문에 대한 자신의 생각을 짝과 함께 이야기하게 합니다. 이때 이야기를 풍성하게 하기 위해서는 두 사람 중 더 설득력 있는 의견을 해답으로 정하거나, 두 사람의 생각을 합쳐 공과 반에 발표할 더 좋은 의견을 만들게 합니다.
- 그렇지 않으면 학생들은 정말 단답형으로 대답하고 끝낼 수도 있습니다.
- 발표 시간에 다른 하브루타 짝의 생각과 자신의 의견을 비교하며 새로운 것을 알아 갈 수 있습니다.
- 5번은 각자 궁금한 것 한 가지를 적어 보게 하고 카드 B에 적어 서로 어떤 질문을 만들었는지 볼 수 있게 하고 간단히 나눕니다.

4. 종합 정리

하브루타에서 이야기를 종합 정리하는 것은 매우 중요합니다. 그림을 예쁘게 색칠하고, 주요 인물과 내용을 요약하여 댓글로 정리해 보세요.

• 하브루타 핵심 키워드 •

성경 본문의 내용을 가장 잘 표현하는 중심 단어 또는 문장은

______________________ 이다.

교사 가이드

- 질문과 토론을 활발하게 하는 것도 중요하지만 나눈 이야기를 종합 정리하는 것 또한 매우 중요합니다. 이러한 과정이 없으면 교훈과 깨달음 없이 끝날 수 있습니다. 또한 신선하고 좋았지만 허전한 느낌이 들 수도 있습니다.
- 하브루타 핵심 키워드를 반드시 만들게 합니다. 키워드는 생활에서 실타래를 푸는 시작과 같은 역할을 합니다. 키워드 단어만 들어도 말씀이 생각나고 실천을 시도하게 만듭니다.
- 제시된 그림을 예쁘게 색칠하게 하십시오. 물론 교사도 모범을 보여야 합니다. 그림은 그 어떤 것보다 기억에 오래 남게 하는 도구입니다.
- 등장인물에 화살표 선을 긋고 간략히 설명하고 정리합니다. 이미지와 더불어 오래 기억에 남고 마인드맵이 되어 논리적 사고를 키워 줍니다.

- 일상에서 어떻게 실천할 것인지를 생각한 후 하나님께 간략하게 편지 기도문을 써 보세요.

____

____

교사 가이드

- 실천은 가급적 각오와 다짐보다 행동으로 나타낼 수 있는 것이 좋습니다.
- 처음부터 구체적인 실천 행동을 찾기가 어렵더라도 이 교재가 끝날 때쯤이면 각오와 실천을 구분할 수 있을 것입니다.
- 기도문은 현실감을 더 느낄 수 있도록 편지 형식을 사용해 보세요.

5. 실천 적용

사람들 앞에서 자신의 깨달음과 무엇을 실천, 적용할 것인지 간단히 나누고 작성한 기도편지를 읽습니다. 기도와 더불어 실천할 때 하나님의 말씀이 살아 있다는 증거를 보게 될 것입니다.

• 실천 사항 •

____

____

교사 가이드

- 혼자 마음속으로 다짐하는 것과 사람들 앞에서 말하는 것은 다릅니다.
- 자신이 느낀 점과 실천 항목을 발표하고 함께 성령님의 도우심을 구하십시오.
- 교사의 기도로 마칩니다.

A

겨자씨 비유

talk about

겨자씨 한 알을
손에 쥔 밭 주인의
기분이 어땠을까요?

A

겨자씨 비유

talk about

겨자가 풀보다 커서
나무가 된다는
의미는 무엇일까요?

B

내가 만든 질문으로

talk about

A

겨자씨 비유

talk about

겨자, 사람, 밭은 무엇을
상징하는 것일까요?

A

겨자씨 비유

talk about

예수님은 왜 비유로
말씀하실까요?

B

내가 만든 질문으로

talk about

B

내가 만든 질문으로

talk about

B

내가 만든 질문으로

talk about

B

내가 만든 질문으로

talk about

성경 하브루타는
하나님의 축복을
일상에서 누리게 하는
통로입니다.

1. 큰 나무를 바라볼 수
있는 작은 겨자씨 같은
축복이 있나요?

2. 겨자씨가 나무가
되기까지 농부는
구체적으로
무얼 했을까요?

1. 당신은 열매를 기다리는
사람인가요, 씨앗을
기대하는 사람인가요?

2. 큰 열매를 바라는
당신에게 겨자씨같이
작은 것으로 응답하시는
하나님을 경험한
적이 있나요?

성경 하브루타는
하나님의 축복을
일상에서 누리게 하는
통로입니다.

1. 당신은 어떤 상황에서
비유로 설명하려 하나요?

2. 주님이 나에게 직접
말씀하시기보다
비유로 설명하신
것은 없나요?

1. 겨자가 크리스천을
(또는 말씀) 상징한다면
밭은 무엇을 상징할까요?

2. 본문에 나를
비유한다면 나는
겨자씨일까요, 밭일까요?
또 그렇게 생각하는
이유는 무엇인가요?

성경 하브루타는
하나님의 축복을
일상에서 누리게 하는
통로입니다.

성경 하브루타는
하나님의 축복을
일상에서 누리게 하는
통로입니다.

성경 하브루타는
하나님의 축복을
일상에서 누리게 하는
통로입니다.

꿈, 智, 樂 하브루타
유치부 공과

1. 1주 차 꿈지락 예배 순서

1. 찬양과 율동

가볍게 몸을 움직일 수 있는 찬양 율동으로 시작한다.

- 사랑의 주님이
- 싹트네

2. 기도

간단히 1분 정도 드린다.

3. 거꾸로 말하기 게임(경청 훈련)

다음장의 [토론 텍스트]에 나온 단어를 교사가 말하면 학생은 거꾸로 대답한다. 전체가 듣도록 가장 먼저 말하면 거꾸로 말한 학생의 점수가 된다.

가장 많은 점수를 획득한 학생이 있는 팀에 작은 상을 준다.

[상은 간식 때 초콜릿 등을 준다]

4. 축복 찬양

- 형제의 모습 속에 보이는

5. [토론 텍스트]를 소리 내어 읽은 다음 모르는 단어에 □를 한다.

먼저 학생이 단어의 의미를 설명한 다음 교사가 부연설명을 해준다. 이때 함께 스마트폰을 활용해 사전을 찾아볼 수 있으며 한자를 찾아 그 뜻을 정리한다.

6. 교사가 단락별로 읽어 주면 학생은 등장인물을 그림에서 오려 붙이며 작은 책자를 만든다.

7. 그룹별로 기도하고 마무리한다.

[토론 텍스트]

아담과 하와 이야기

에덴동산은 맛있는 과일과 온갖 꽃으로 가득했습니다. 많은 동물들도 살았습니다. 하나님은 동산 한가운데 선악을 알게 하는 나무와 생명나무를 두셨고, 모든 과일은 먹어도 좋으나 선악과 열매는 절대 먹지 말라 하셨습니다.

"먹으면 죽을 것이다."

어느 날 뱀이 하와에게 말했습니다.

"하나님이 동산의 어떤 열매도 먹으면 안 된다고 하셨니?"

"아니, 동산 중앙에 있는 열매는 먹지 말라고 하셨어!"

하와가 대답했습니다.

"참 바보구나. 그건 눈을 밝게 하는 열매야. 하나님처럼 될까 봐 못 먹게 하는 거지."

결국 하와는 뱀의 말을 듣고 열매를 따 먹고는 아담에게 달려가 열매를 주었습니다.

"아이 창피해! 벌거벗고 있네."

두 사람은 서둘러 무화과 잎으로 몸을 가렸습니다. 아담과 하와는 하나님이 부르는 소리에 나무 뒤로 숨었습니다.

"아담아 어디 있느냐?"

"벌거벗은 게 부끄러워 숨었습니다."

"벌거벗어 부끄럽다고? 내가 먹지 말라 한 열매를 먹었느냐?"

"하와가 주어서 먹었습니다."

아담이 하와를 탓했습니다.

"뱀이 저를 꾀어서 먹었어요."

하와가 말했습니다.

하나님은 뱀에게 땅을 기어 다니는 벌을 주셨고, 아담과 하와에게는 가죽옷을 입혀 에덴에서 내보내셨습니다.

교사 가이드

1. 교사가 내용을 한 단락씩 읽어 주고 다음 그림에서 등장인물을 찾아 가위로 오린 다음 그림책에 풀로 붙인다.
2. 내가 만든 그림책의 내용을 선생님과 친구에게 들려주는 이야기 놀이를 한다.
3. 친구가 이야기할 때 다른 친구도 열심히 들을 수 있도록 지도한다.
4. 나만의 제목을 만든다(옆 친구와 다르게 만들도록 지도한다).
5. 교사는 학생의 작은 행동에도 자연스럽게 리액션하는 것을 잊지 말자.

가위로 오린 다음 책에 붙이세요.

제목을 만들어 보아요
(맨 나중에 만드세요)

____

①

에덴동산은 맛있는 과일과 온갖 꽃으로 가득했습니다.

많은 동물들도 살았습니다.

②

하나님은 동산 한가운데 선악을 알게 하는 나무와 생명나무를 두셨고, 모든 과일은 먹어도 좋으나 선악과 열매는 절대 먹지 말라 하셨습니다.

"먹으면 죽을 것이다."

③

어느 날 뱀이 하와에게 말했습니다.

“하나님이 동산의 어떤 열매도 먹으면 안 된다고 하셨니?”

“아니, 동산 중앙에 있는 열매는 먹지 말라고 하셨어!”

하와가 대답했습니다.

“참 바보구나. 그건 눈을 밝게 하는 열매야. 하나님처럼 될까 봐 못 먹게 하는 거지.”

결국 하와는 뱀의 말을 듣고 열매를 따 먹고 아담에게 달려가 열매를 주었습니다.

“아이 창피해! 벌거벗고 있네.”

두 사람은 서둘러 무화과 잎으로 몸을 가렸습니다.

④

아담과 하와는 하나님이 부르는 소리에 나무 뒤로 숨었습니다.

"아담아 어디 있느냐?"

"벌거벗은 게 부끄러워 숨었습니다."

"벌거벗어 부끄럽다고? 내가 먹지 말라 한 열매를 먹었느냐?"

"하와가 주어서 먹었습니다."

아담이 하와를 탓했습니다.

"뱀이 저를 꾀어서 먹었어요."

하와가 말했습니다.

하나님은 뱀에게 땅을 기어 다니는 벌을 주셨고, 아담과 하와에게는 가죽옷을 입혀 에덴에서 내보내셨습니다.

2. 2주 차 꿈지락 예배 순서

1. 찬양과 율동

가볍게 몸을 움직일 수 있는 찬양 율동으로 시작한다.

2. 기도

간단히 1분 정도 기도한다.

3. [맹인 인도하기] 게임

두 사람 중 한 사람이 안내를 하고, 짝은 손을 잡고서 다른 사람과 부딪히지 않게 음악이 흐르는 동안 조용히 말없이 인도한다. 진행자가 음악이 멈춘 후에 인도자와 맹인이 되어 본 느낌을 물어본다. 가급적 교사들이 적극적으로 먼저 대답하도록 한다. 서로 역할을 바꿔서 똑같이 한다.

4. 지난주 만든 그림책을 소리 내어 읽고 뜻을 모르는 단어를 다시 찾아본다.

5. 교사 가이드에 제시된 질문을 사용하여 학생들이 자기 생각을 말하게 하며, 누구 생각이 좋은지 알아본다. 교사 재량으로 추가 질문을 한다.

질문에 대한 생각은 지난주 만든 그림책의 오려 붙인 캐릭터 주변에 색연필로 그리게 한다.

6. 기도하고 마친다.

꿈지락 하브루타
유치부 교사 가이드

지난주 만든 그림책을 소리 내어 읽고 뜻을 모르는 단어를 찾아봅니다.

1. 단어의 뜻과 의미를 찾는 질문

1)

2)

3)

2. 내용 파악을 위한 교사의 모델 질문

퀴즈 게임하듯이 진행해 주세요.

1) 하나님이 동산 가운데 두신 나무는 무엇일까요?

2) 하와는 뱀의 어떤 말을 듣고 선악을 알게 하는 나무 열매를 먹었을까요?

3) 죄가 하나님께 드러난 후 아담과 하와는 어떻게 했나요?

4) 죄를 지은 아담과 하와에게 하나님은 어떤 옷을 해주셨나요?

3. 상상력을 키워 주는 질문

1) 에덴에서 행복한 아담과 하와는 무엇을 하며 살았을까요?

지난주에 만든 그림책 ①에 등장인물 주변 배경에 그림으로 표현한다.

2) 하와는 선악과 열매를 먹으면 앞으로 자신이 어떻게 될 거라고 생각했을까요?

지난주에 만든 그림책 ②에 등장인물 주변 배경에 그림으로 표현한다.

3) 뱀이 찾아왔을 때 하와가 다르게 행동할 수는 없었을까요?

4) 하나님께 죄를 들켰을 때 아담과 하와의 마음은 어떠했을까요?

4. 교훈을 찾기 위한 질문

지난주에 만든 그림책 ③, ④의 등장인물 주변 배경에 그림으로 표현한다.

1) 하와는 어떻게 아담도 선악과를 먹게 했을까요?

2) 아담이 하나님께 가죽옷을 받고 어떤 마음이었을까요?

5. 생활에 적용하기 위한 질문

1) 화분을 깨거나 엄마 화장품을 망가뜨렸다면 나는 어떻게 해야 할까요?

2) 내가 있는 곳이 모두 행복하려면 나는 무엇을 어떻게 해야 할까요?

꿈, 智, 樂 (말문 트기)
우리 가족 하브루타
질문 카드

friends
꿈지락 하브루타
"혼내다"의 뜻을 아십니까?
사람은 감정에 휩싸이면 이성적 판단을 하기 어렵습니다.
감정에 휩싸여 스스로 빠져 나오지 못할 때는 누군가 붙잡아 주어야 합니다.
"혼내다"는 바로 "둘러싸인 감정에서 혼을 꺼낸다"는 뜻입니다.

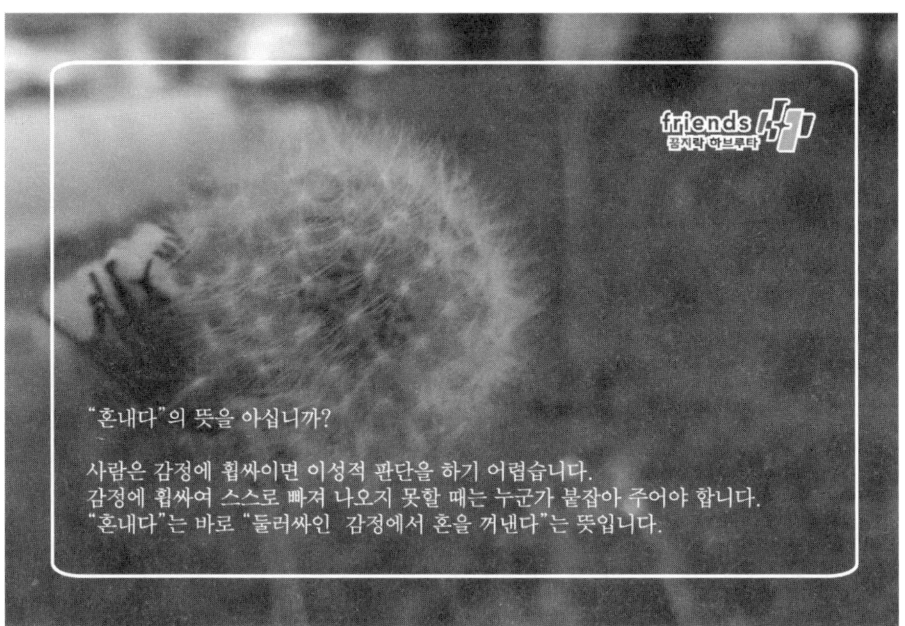

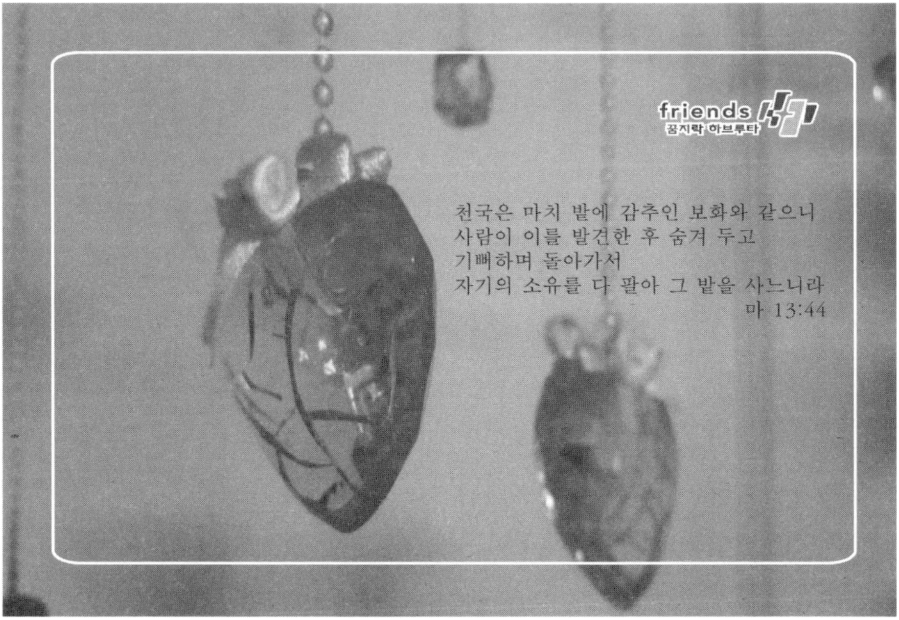
friends
꿈지락 하브루타
천국은 마치 밭에 감추인 보화와 같으니
사람이 이를 발견한 후 숨겨 두고
기뻐하며 돌아가서
자기의 소유를 다 팔아 그 밭을 사느니라
마 13:44

우리 가족 하브루타

friends 꿈지락 하브루타

1단계 : 가족 게임 / 묵찌빠

가위바위보를 해서 순서를 정하고 1등이 왕이 된다. 꼴찌부터 바로 위의 순위에 도전한다.
가위바위보를 해서 이기는 사람이 공격을 하고 방어자가 같은 손 모양을 하면 진다.
왕이 되는 사람은 낮은 순위의 사람에게 간단한 심부름을 시키게 하면 더 재미있다.

2단계 : 우리 가족 하브루타 / 가족 중 한 사람이 기도하고 시작하세요.

가족에게 들었던 말 중 가장 힘이 되었던 말은?

Q1. 당신은 어떤 때 위로의 말을 가장 듣고 싶나요?

Q2. 당신이 가장 듣고 싶은 말은? 그 이유는 무엇인가요?

Q3. 가족 모두가 반기는 나의 작은 변화가 있다면 무엇입니까?

3단계 : 말씀 소리 내어 읽고 기도하기 / 모두 손을 잡고 함께 기도한 후 부모님 기도로 마치세요.

자녀들아 주 안에서 너희 부모에게 순종하라 이것이 옳으니라 네 아버지와 어머니를 공경하라 이것은 약속이 있는 첫 계명이니 이로써 네가 잘되고 땅에서 장수하리라 또 아비들아 너희 자녀를 노엽게 하지 말고 오직 주의 교훈과 훈계로 양육하라 엡 6:1-4

마지막으로 가족 모두에게 사랑으로 인사하며 서로 안아 주세요.

우리 가족 하브루타

1단계 : 가족게임 /가위바위보

1. 왼손은 악수하듯 잡고 오른손으로 가위바위보를 한다.
2. "이겼네"를 먼저 말한 사람이 손등을 살짝 때릴 수 있다.
   이때 반드시 누가 이겼는지 말하고 때린다. 예) 내가 이겼네, 엄마가 이겼네.
3. 손을 바꾸고 같은 방법으로 " OO 겼네"를 말한 사람이 손등을 때린다.

2단계 : 우리 가족 하브루타 / 가족 중 한 사람이 기도하고 시작하세요.

내가 생각하는 좋은 가정은 ______________________ 이다.

Q1. 그렇게 생각한 이유는?

Q2. 당신이 생각하는 자랑스러운 가족은 어떤 모습인가요?

Q3. 우리 집이 더욱 천국이 되려면 나는 무엇을 해야 할까요?

3단계 : 말씀 소리 내어 읽고 기도하기 / 모두 손을 잡고 함께 기도한 후 부모님 기도로 마치세요.

천국은 마치 밭에 감추인 보화와 같으니 사람이 이를 발견한 후 숨겨 두고 기뻐하며 돌아가서 자기의 소유를 다 팔아 그 밭을 사느니라 마 13:44

마지막으로 가족 모두에게 한 가지씩 칭찬하고 서로 껴안아 주며 마칩니다.

가슴으로 하나님의 말씀을 만날 때

성령의 역사를 보게 된다.

{ 에필로그 }

다시 후츠파 믿음을 외치다

처음 성경 하브루타를 할 때 개역개정 성경을 대하는 아이들의 모습을 나는 지금도 잊어버릴 수가 없다. 흡사 우리말을 곧잘 하는 외국인이 한글을 공부하는 것 같았다. 참으로 충격적이었다. 아이들은 생각보다 많이 성경 단어를 몰랐다. 단어의 의미도 모르는 아이들에게 그동안 설교를 하고 말씀을 가르쳐 왔다니, 마음이 복잡했다. 부끄럽기도 했다. 하브루타를 하기 전에는 아이들이 성경과 설교를 어떻게 이해하고 있는지 알아볼 생각조차 하지 못했다. 그저 결석 없이 예배에 잘 참석하면 잘하는 것이라고 생각했다.

성인이라고 크게 다르지 않았다. 아이들보다 성경 지식이 조금 더 많을 뿐이었다. 그것도 하나로 통합되지 못하고 조각조각 기워진 지식이었다. 오늘 크리스천의 신앙을 한마디로 정의하면 '수박껍데기 신앙'이라고 할 수 있다. 상당수의 성도들이 수박껍데기 신앙에 머물러 있는 것은 깊이 있는 설교가 없어서가 아니다. 문제는 신앙 교육의 방법이다. 그래서 하브루타를 해야 한다. 언제 어디서든 강론해야 한다.

하브루타를 통해 성경 단어의 뜻을 파악한 것만으로도 말씀을 대하는 깊이가 달라진다. 시간이 지나도 토론한 성경 말씀은 쉽게 잊어버리지 않는다. 이해 또한 명확해서 믿음의 성장을 가져온다.

초등학교 1학년 아이가 학교에서 추석 명절을 맞이해 조상에게 편지쓰기를 했다. 자신은 하나님이 진짜 조상이라며 하나님께 편지를 쓰겠다고 선생님에게 예의 바르게 말하고 편지를 썼다고 한다. 그것을 본 친구가 하느님 믿고 교회 다닌다며 놀렸다. 그러자 아이는 조금도 주눅 들지 않고 오히려 친구에게 하느님과 하나님의 차이를 알려 주었다고 한다. 하브루타로 창세기를 토론한 지 얼마 안 지나서의 일이다.

하브루타는 신앙을 견고하게 해준다. 하지만 성경 하브루타 초기에는 나눈 말씀을 자신의 삶과 연계하는 것이 쉽지 않다. 성경 본문을 이해하는 폭은 넓어졌지만 실생활로 연결하는 것은 잘 안 된다. 여기에 그토록 오랜 세월 신앙생활을 하고도 왜 삶에 변화가 일어나지 않는지의 이유가 있다고 본다. 성도들이 만든 질문들을 살펴보면, 말씀과 삶이 밀접하게 연계되어 있는지, 그렇지 않은

지를 알 수 있다. 우리가 말씀의 능력을 생활에서 경험하지 못하는 이유는 깨달음이 없어서가 아니다. 실천이 없기 때문이다.

오늘날 성도들의 현실은 무기를 사용할 줄 모르는 군사와 같다. 무기를 들고 있으나 전혀 사용하지 않는 군인을 누가 무서워하겠는가? 처음에는 무기를 보고 무서워할 것이다. 하지만 시간이 흘러 무기를 사용할 줄 모른다는 걸 알게 되면 더 이상 무서워하지 않고 오히려 조롱하게 된다.

성도에게 무기란 말씀이다. 말씀의 능력을 보고자 한다면 삶에서 말씀이 실천되어야 한다. 하지만 많은 성도들이 말씀은 아는데 그것을 삶에서 어떻게 실천하고 적용하는지를 모른다. 그런 우리를 사탄은 두려워하지 않고 오히려 조롱한다.

성경 하브루타 역시 말씀을 삶에서 적용하고 실천하는 것이 가장 중요하다. 그래서 하브루타를 할 때는 지난 주간에 어떻게 말씀을 기억하고 실천했는지 지속적으로 점검하고 나눠야 한다. 삶의 적용과 실천이 이뤄질수록 예수님 믿는 재미에 빠지게 된다. 당연히 삶이 변화된다. 그의 변화는 교회와 가정을 변화시킨다. 직장과 사회에도 영향을 끼쳐 빛과 소금으로 살게 된다.

성도들에게는 자신이 말씀을 잘못 해석할지도 모른다는 두려움이 있다. 그래서 목회자 없이 성경 말씀을 가지고 질문하고 토론하는 것에 대해 몹시 부담스러워한다. 바람직한 마음가짐이다. 그럼에도 성도는 말씀을 강론해야 한다. 서로 이야기하고 토론하며 익혀 가야 한다. 사람들은 책을 읽는 것은 혼자 하는 것이라고 생각해도 강의를 듣는 것은 혼자 하는 것이 아니라고 생각한다. 하지만 상호 피드백이 없으면 어느 것이든 혼자 하는 것이다. 혼자 하면 잘못 이해하기 쉽다.

성도의 두려움을 해결할 방안 중 하나는 하브루타를 설교와 연계하는 것이다. 목회자가 성경의 배경이나 올바른 해석이 요구되는 부분을 설교 시간에 설명하고 나머지 부족한 부분은 하브루타 시간에 보충하는 것이다. 또 목회자가 성서 배경 자료를 제공하고 본문의 중심 메시지에 접근할 수 있는 질문을 만들어 주는 것도 한 방법이다.

성경 하브루타를 하면 성도들은 말씀이 재밌고 흥미로워서 성경 공부를 더 하고 싶다는 열망을 느낀다. 또 교회학교 학생들이나 자녀와 하브루타를 하려면 그들의 질문에 올바로 대응해야 한다는 점에서도 성경공부의 필요성을 느낀다. 이런 성도가 늘어날수록 교회 분위기가 확실히 달라진다. 성경을 더 이상 예배 시간에나 보는 책으로 두지 않는다.

하브루타를 접했다면 오늘 즉시 시작하라고 권하고 싶다. 대신에 성경 하브루타를 잘해야 한다는 생각은 버려야 한다. 성경은 사람이 쓴 글이 아니다. 살아 계신 하나님의 말씀이다. 이것을 믿고 하브루타를 시작한다면 말씀이 우리를 바른 길로, 놀랍고 비밀한 길로 인도할 것이다.

성경 하브루타는 금맥이다. 아직도 발굴되기를 기다리는 엄청난 축복들이 많다. 나는 정말이지 부지중에 하브루타를 접했다. 은혜도 이런 은혜가 없다. 내 자신이 변화되는 것은 물론이고 가정이 변하고 교회가 변하고 있다. 그래서 더 큰 꿈을 가져 본다. 우리가 경험한 꿈지락 하브루타가 다른 교회와 크리스천들에게도 축복이 되기를 바라는 것이다. 나아가 하브루타가 한국교회의 미래를 여는 돌파구가 되길 소망해 본다.

나와 누림교회를 선택해 주신 하나님의 은혜에 보응하는 길은, 하브루타를 더욱 배우고 실천하면서 우리의 보잘것없는 경험을 나누는 것이라 생각한다.

이제 글을 마치면서 감히 마지막 권면을 드린다면, 주님의 신실하심을 믿고 신명기 말씀처럼 하브루타 강론을 후츠파의 정신으로 시작하기를 바란다. '강론하라'는 하나님의 말씀이요 명령이다. 순종하고 실천하면 얼마 지나지 않아 삶의 곳곳에서 하나님의 인도하심과 축복의 흔적들이 나타날 것이다. 하나님의 말씀을 믿고 시작하면, 그때부터 말씀이 우리를 인도할 것이다.

한 가지 더 강조하고 싶은 것이 있다. 하브루타는 머리 좋게 만드는 유대인 교육이 아니다. 말씀을 적용해서 공부하다 보니 좋은 열매를 맺고 있을 뿐이다. 그것이 하나님의 방법이라서 열매가 큰 것일 뿐이다. 그러므로 하브루타의 목표는 노벨상도 아니고 아이비리그에 진학하는 것도 아니다. 우리의 목표는 말씀이 마음에 새겨져 우리 삶을 인도하는 것이다. 그래서 그리스도를 닮아 가는 것이다.

성경 하브루타(강론講論)는 짝을 지어 (성경을) 이야기하고 (주의 뜻을) 이해하며 (몸에) 익히고 (마음에) 새기는 운동이다. 하브루타는 말씀 실천 운동이며 생명 운동이다. 성경 하브루타는 하나님의 사람들이 숲을 이루어 부르는 노래가 될 것이다.

예수님! 주님의 이름을 찬양합니다.

누림교회에서

이익열 목사